공화주의 솔루션

공화주의 솔루션

대한민국의 미래를 위해 우리는 어떻게 싸울 것인가?

함운경 김동규

글통

| CONTENTS |

3부
공화의 깃발을 들어야하는 이유 (김동규)

4부
대한민국이 나아가야 할 길 (함운경, 김동규)

제1부

대한민국의 위기

01
최약체 정권, 윤석열 정권

　지난 21대 대통령 선거에서 윤석열후보 당선은 대한민국을 구한 사건이다. 이전 정부인 문재인정부는 정부실패뿐만아니라 대한민국 존립자체를 파괴하고 있었다. 낭떠러지에 한발 한발 다가가고 있던 대한민국은 윤석열후보 당선으로 급브레이크를 밟고 제길을 찾아가고 있는 셈이다. 아마도 이재명 민주당정부가 들어섰다면 이 나라는 확실히 망하는 길로 들어섰을 것이다.

　위기의식은 느낀 국민들이 윤석열을 원했고 윤석열이 국민의 부름에 응하여 대통령선거에 나섰고 정말 아슬아슬하게 윤석열후보가 당선되었다. 역대 최소 득표차인 1.73% 27만 7077표 차이. 하늘이 대한민국을 구했다.

그러나 윤석열정부는 출발부터 험난한 길을 걸었다. 물려받은 정부는 나라살림은 빚이 0000에 달하는등 산더미였고 산업 기반인 에너지에서 원자력은 문닫기 일보 직전이었고 코로나로 풀린 돈들은 물가상승을 압박하고 있었다. 북한은 한국을 우습게 보고 대한민국을 삶은 소대가리로 취급하고 있었다. 더군다나 미중간에 경제 패권전쟁이 시작되면서 우리는 선택의 기로에 서 있었다.

윤석열정부는 외교 국방에 있어서는 성과를 만들어낼 수 있었다. 의회의 발목잡기에도 불구하고 외교국방은 대통령만이 할 수 있는 영역이 많기 때문이다. 과거사 문제로 파탄지경에 빠져 외교관계가 단절되어있던 한일관계를 단숨에 변화시키고 친중 종북노선에서 한미일 동맹강화로 방향을 돌렸다. 이 하나만으로도 북한 위협에 불안감을 항상 느껴야했던 국민들을 안심시키기에 충분했다.

그러나 국가내적인 운영체계를 다시 짜는데는 한 걸음도 나아갈 수 없었다. 지금 우리나라는 한단계 더 높은 도약을 위해서는 노동개혁 연금개혁 교육개혁이 절실하다. 그러나 노동개혁, 연금개혁, 교육개혁은 말만 꺼냈을 뿐이지 뭐 하나 진행할 수 있는 것은 아무것도 없었다. 왜냐하면 모든 것은 법률을 새로 정비해서 입법적인 뒷받침이 있어야 한다. 그러나 국회는 여당은 과반수에도 못미치는 112석일뿐이고 건전한 대화를 거부하고 사사건건 비토하는 야당세력의석이 188석에 달한다. 과반수를 뛰어넘어 언제든지 2/3를 넘는 의석을 동원할 수 있다. 행정부 공무원들을 대해서는 언제든지 탄핵 발의 정도는 식은 죽먹기 할 정도의 의석수이다.

실제 국회에서 다수당이란 힘을 이용하여 국회와 정부활동을 마비시키고 있다. 실제 민주당은 이상민행정자치부장관을 탄핵 가결하였을 뿐만아니라 총리에 대한 해임건의안 정도는 손쉽게 제출하고 언제든지 누구든 탄핵할 수 있다 수시로 탄핵카드를 만지작거리고 있다. 이재명 민주당 당대표를 수사하는 검사까지도 온갖 명분으로 탄핵안을 통과시키는 지경까지 이르렀다. 이런 상황은 대한민국과 국민을 위한 개혁과제를 실행에 옮긴다는 것은 불가능할뿐만 아니라 행정부의 정상적인 운영조차 어려울 수 있는 상황이다.

윤석열정부를 인정하지 않고 탄핵을 하겠다는 주장은 선거가 끝난 직후부터 나왔다. 사실상 합법적인 선거를 부정하고 대선 결과를 인정하지 않겠다는 주장이었다. 매주 광화문에서 윤석열 정부 퇴진집회는 말로만 하는 퇴진이 아니었다. 국회에서 수시로 행한 탄핵과 맞물려 이제는 대통령까지 탄핵하겠다고 선동하고 있다. 다음 선거가 민주당이 압승하면 검찰독재정권 윤석열 정권을 반드시 탄핵하겠다고 한다. 맨 정신이면 할 수 없는 선동을 공공연하게 하고 있다.

윤석열 정부는 대한민국 역사에서 가장 최약체 정권이다. 국가를 망하게 하는 낭떠러지로 끌고가는 민주당을 막았을뿐 할 수 있는 일은 모두 막혀있다고 봐도 과언이 아니다. 외교 안보말고는 새로운 일을 추진할 수 있는게 아무것도 없다.

당대표가 공당을 그리고 180명에 달하는 국회의원들을 앞세워서 자신의 범죄혐의 수사와 재판을 가로막는 파렴치한 행위를 벌이고 있다. 이전 민주당 정부인 문재인정부 때도 추진할 수 없을 정도로 많은 문제가 있다는 것을 인정한 법안도 일단 통과시키고 대통령 거부권을 기대하고 있다. 이게 정상적인가?

나는 민주당 의원들중에 선진화된 사회경제 시스템을 만들기 위해 목소리 높이고 앞장서서 입법활동을 했다는 사람을 한 사람도 보지 못했다. 입만 열면 검사독재 김건희 타령을 하는 저질들을 보면서 저런 쓰레기들을 청소하지 않으면 이 나라가 망할 것 같다. 75년전에 정말 어렵게 탄생한 민주공화국 대한민국이,

허리띠 졸라매고 열심히 일해서 이룩한 선진국이 이러다가 망할 것 같은 위기감을 느낀다.

　모래알처럼 흩어져 있는 국민들은 힘이 되지 않는다. 민주공화국 대한민국을 지키기 위해서 나설 수 있는 자유시민들인 국민들이 나서야 한다. 최약체 정권인 윤석열 정권을 단단히 지켜주고 대한민국을 앞으로 끌고나갈 조직된 힘이 우리에게 절실하게 필요하다.

02
윤석열 정권을 공격하고
대한민국을 위협하는 세력의 정체

윤석열정부가 출범하자마자 서울시 한복판에서는 정기적으로 탄핵집회가 벌어지고 있다. 시작부터 대통령선거결과에 대한 불복하고 있다. 그걸 뛰어넘어 대선불복을 실제 행동에 옮기라고 야당에 요구하고 이에 따라 국회에서는 습관적으로 탄핵발의를 하고 있다. 지금까지 대통령이 임명한 장관과 검찰인사에 대하여 탄핵발의한 건수가 57차례나 있었다고 한다.

탄핵이라고 하는 것은 헌법과 법률위반사항이 있어야만 한다는 것은 누구라도 안다. 그런 요건을 갖추지 못하면 헌법재판소에서 기각된다. 이런 사실은 누구라도 알고 있다. 그럼에도 기각

될 것임을 뻔히 알면서도 탄핵하고 단어를 남발하고 국회에서 탄핵발의를 습관적으로 하고 있는 걸 우리는 뭐라 해야할까?

정말 이들에게는 대한민국을 무엇이라 생각하는가? 선거를 통해서 합법적으로 등장한 정부를 향해서 독재정권이라고 하고 검찰독재정권이라하고 마치 군사정권이 했던 것처럼 잔학무도한 짓을 하고 있다고 매도하고 있다. 80년대를 살아온 사람은 안다. 그때를 왜 독재정치 치하라고 하는지.

그런데 지금 우리에게 언론의 자유가 없는가? 집회 결사의 자유가 없는가? 표현의 자유를 억압했는가? 당연히 없다. 그런데도 이런 말도 안되는 이야기를 고장난 레코드처럼 반복하는 일은 왜일까? 이런 황당한 이야기를 민주화운동을 했다는 586정치인들이 하고 있다는 점에 부끄럽기 짝이 없다.

나는 현재 이재명의 민주당을 비롯한 집단을 좌파 포퓰리스트라고 규정한다. 민족주의를 숙주로 활용하면서 개딸들의 테러를 수수방관하는 좌파 포퓰리스트들이다. 좌파 포퓰리스트들은 민주공화국을 위협하는 적이다. 이재명의 민주당은 헌법안에 자유로이 자신의 정책과 노선을 밝히고 경쟁하는 경쟁자가 아니라 민주공화국을 위협하는 적이다. 좌파포퓰리스들이 원하는 대로 방치하면 대한민국 앞길은 불보듯 뻔하다. 즉 좌파 포퓰리스트들이 가고자 하는 길은 차베스의 베네수엘라처럼 되는 길이다.

베네수엘라, 아르헨티나, 브라질이 우리보다 훨씬 잘나가는 나라였다는 사실은 까맣게 잊고 있다. 이들 나라도 잘못된 지도자가 인도하는 길을 따라가다가 나라가 망하고 고꾸라져서 다시 일어서지 못하는 나라가 되었다. 우리가 그런 길을 가야하나?

이재명 민주당은 대선기간중에 자신의 경제정책을 말하면서 억강부약이라고 표현했다. 강한자들을 억누르고 약한자들을 돕는다는 것이다. 그런데 듣기에는 그럴싸한 말이다. 강한 자들이란 사실 사업이나 자기분야에서 성공한 사람들이다. 약한자를 돕는다는 것은 이들로부터 빼앗아 나눠주겠다는 말이다.

그래서 강한자들에게 세금을 많이 걷고 사회적 약자에 대해서 돈을 뿌리겠다는 것이다. 이런 세상을 원하는가?

기본소득이라고 하는 것도 있다. 이재명의 민주당은 학문적인 기본소득논의가 아니다. 성남에서 청년들에게 돈을 나눠주고 학부모들에게 교복도 지원하고 산모에게 공짜로 서비스를 제공한다는 것이다. 받는 사람에게 당장은 좋겠지만 세상에 공짜는 없다.

그리고 근본적으로는 약자에게 좋게 보이는 정책들이란 시간을 두고 보면 결과적으로는 사회적 약자를 불행하게 만들고 괴롭히는 결과를 만든다. 문재인 정부때 소득주도 성장이나 부동산투기를 잡는다고 수요를 억누르는 정책을 폈다.

당장에 최저임금이 올라서 좋아보이지만 실제로는 노동시장에서 약자를 내쫓고 나라에서 주는 보조금에 의존하게 만든다. 수요를 억눌러 집값을 잡으려고 하면 집값만 뛰고 집없는 사람은 더욱 고통에 빠진다.

국가 세금으로 좋은 일자리와 행복한 삶을 보장해준다고 하는데 세상에는 공짜가 없다. 다 댓가가 따르고 결국 세금내는 사람만 등골을 휘게 만든다. 이런 사고방식으로 국가운영을 하겠다는게 좌파 포퓰리스트들이다. 건강하게 일해서 먹고 살겠다는 정신을 갉아먹고 건전한 사회를 병들게 만든다. 이렇게 병든 나라가 망하는 길밖에 더 있나.

또한 이재명의 민주당은 문재인정부와 마찬가지로 일본을 극도로 반대하고 미국과 동맹관계를 강화하는 것에 반대한다. 말로는 미중 등거리 외교를 한다고 한다. 미중등거리외교가 아니고 가까운 중국은 무섭고 미국은 지금보다는 멀리해서 결국은 중국에 의존하자는 것이다.

　이들은 일본은 식민통치를 한 원죄로 제국주의 침략야욕이 여전히 있다고 믿고 미국에 대해서는 아주 부정적인 인식을 가지고 있다. 2차세계대전이후 미국은 점령군으로 들어왔고 결국 민족을 분단시켰고 남한을 지배하고 있다고 믿고 있다.

　그래서 한미일 동맹보다는 우리민족끼리를 더 선호하고 우선하는 정책을 펴야한다고 생각한다. 미중 등거리노선이란 말에 속아서는 안된다. 이재명의 민주당은 친중 종북노선이다. 이 노선은 대한민국 75년을 지켜온 대한민국 안전 보장을 무너뜨리는 노선이다. 대한민국을 중국과 북한의 입김에 좌우되게 만드는 아주 위험한 일이다.

　이런 정치세력이 윤석열정부를 공격하고 있고 대한민국을 위험에 빠트리고 있다. 그리고 대선패배를 만회하고 일거에 무너뜨리기 위해서는 내년 총선에서 민주당의 승리가 필요하다면서 흑색선전이나 가짜뉴스에 목숨을 걸고 있다.

　이들에게 입법활동은 중요하지 않다. 윤석열정부를 공격하는 소재이면 어떠한 것도 좋다. 자칭 진보인사이고 민주투사이면서 입만 열면 인권을 말하는 사람들이 김건희 여사에 대한 입에 담기 어려운 말로 공격하면서 희희덕거리고, 청담동에서 장관과 대통령이 밤새 술마셨다는 거짓뉴스로 선동하고, 한마디로 저질 정치를 하고 있다.

지금의 이재명 민주당은 자신의 경제적 기반인 농지를 개혁하자는데도 건국을 위해서 앞장선 정통야당인 한민당과는 너무나도 거리가 멀다. 많은 국민들이 반대해도 한일협정이 필요하다고 찬성한 김대중의 민주당과도 거리가 멀다.

대한민국이 통상국가로 나아가려면 두려움없이 과감하게 한미 FTA를 추진한 노무현의 민주당과도 거리가 멀다. 나는 이재명의 민주당을 다음과 같이 규정한다. 이게 좌파 포퓰리스트 정당인 이재명의 민주당의 본모습이다.

03
민주당은 기득권자들 편

민주당은 노동자를 비롯한 사회적 약자를 보호하는 정당이라고 자처한다. 그러나 이것은 명백한 거짓이다. 민주당은 대기업 노조, 공기업 공무원등을 자신들의 정치적 기반으로 하고 있다. 본인들은 중산층이라고 생각하고 말하지만 객관적으로 이들은 우리사회의 상류층이다. 상위10%이내에 들어가는 소득수준이다. 통계에 모두 나와있다.

그런데 이들은 자신들을 중산층이라 한다. 명백한 거짓말이다. 그리고 이들은 민주노총의 주력부대를 이루고 있다. 그래서 나는 민주당을 기득권자들 편이고 민주노총당이라 하는 것이다.

노동자들의 최대조직인 민주노총이 있다. 민주노총은 사회적 약자의 권익을 보호하고 노동자의 권리를 보장하는 조직이 아니다. 한마디로 "약자를 자처하는 강자"들이다. 민주노총의 핵심 주력부대는 대기업과 공기업노조들이다. 민주노총 밖에 조직된 노동자들 밖에 훨씬 더 많은 사람들이 노동자로 있고 발언권이 없는 이 사람들이 더 절실한 도움과 연대행동이 필요하다.

민주노총의 핵심노조중에 현대자동차가 있다. 현대자동차 노동자의 평균연봉은 1억이 넘는다. 더군다나 올해는 성과급으로 4,000만원을 받았다. 현대자동차 울산공장은 생산성에 있어서 미국에 있는 현대자동차 공장에 비해 2/3에 불과하다고 한다.

그럼에도 이렇게 높은 연봉과 성과급은 사실상 하청업체와 그 노동자에 돌아갈 몫과 외국에 있는 현대자동차 노동자들의 성과를 갈취한 것에 다름아니다. 노동자 연대는 여기에서 눈을 씻고 볼 수 없다.

현대자동차는 전기자동차 생산비중이 높아지고 있지만 국내 생산시설을 전기자동차로 전환할 수도 없다. 미국 현대자동차에서 일하는 노동자들은 근골격계질환을 줄인다고 로봇도입을 환영하는데 현대자동차 국내 노동자는 환영하지 않는다.

비단 현대자동차만 이럴까? 이런 상황인데 어떤 경영자가 외국에 공장짓지말고 국내 공장을 늘릴 생각을 할까? 잘나가는 대한민국 기업이 외국으로 공장짓고 나가면 국내에서는 일자리는 만들어지지 않는다.

좋은 일자리는 자기들이 차지하고 더 나아가 자식들에게 세습하면서 힘없는 노동자들을 하청업체나 다른 비정규직이나 하라는게 지금의 민주노총이다.

기득권을 유지하는 현대자동차 노동조합같은 민주노총이 노동자의 차별대우와 비정규직 양산의 주범이다. 이 기득권을 사실상 옹호하면서 민주노총이 주장하는 바를 고스란히 가지고 와서 약자를 보호한다고 과시하는 것이 민주당이다.

민주노총과 한 몸이 된 민주당을 깨지 않으면 안된다. 기득권자들 편인 민주당을 깨지 않으면 사회적 약자는 영원한 약자가 된다. 기득권들 끼리끼리 누리고 사는 기득권구조의 높은 성을 깨야만 비정규직 정규직 구분없는 세상이 온다. 그것이 평등세상이다. 기회를 가질 수 있는, 능력에 따라 노력하면 결과를 얻을 수 있는 세상이 살만한 세상이다. 기득권자들 편인 민주당을 깨야한다.

04
민주당은 국가를 뜯어먹는
사람들을 키우자고 한다

문재인 전대통령은 대통령선거 후보당시 노량진에 가서 공무원수를 늘린다고 발표했다. 비정규직을 없애고 정규직을 만든다고 하였다. 공무원시험 준비하던 사람들은 환호했고 비정규직인 사람들은 정규직이 된다는 꿈에 부풀었다. 그러나 나라 전체를 보면 공무원과 공기업종사를 늘리는 것은 신중해야 한다.

공무원과 공기업종사에는 모두 비용이 든다. 공무원1명 늘리면 1명당 연간 1억의 비용이 든다는 계산도 있다. 즉 모두 세금을 걷어서 지출해야하는 비용이다. 세금은 누가 내나? 모두 국민들이 낸다.

지금도 무수히 많은 공기업이 있다. 경제발전 초기에 공기업이 긍정적인 역할을 하던 때가 있었지만 지금은 많이 민영화가 이루어졌다. 한국통신이 그렇고 SK텔레콤도 그렇다. 그런데도 어떤 명분만 있으면 각종 위원회나 공기업 공기관을 만들고 있다. 담당공무원이 있지만 이들대신에 일할 공기업이나 면피용 위원회가 만들어진다.

국가는 중립적이고 공정하다고 생각한다. 그러나 국가기관이 항상 그런 것은 아니다. 더욱이 경쟁을 활성화해서 국민편익을 늘리는 방향으로 해야할 일도 기관과 위원회를 만들어서 해결하려고 한다. 그리고는 중립적이고 공정하다는 간판 뒤로 숨어버린다.

공기업과 공무원 수를 늘리고 정부에 의존하거나 정부보조금에 연명하는 기업이나 개인을 늘리고 있다. 모두 나라를 망치는 일이다. 국가 세금예 빨대를 꽂고 사는 것이 많으면 나라가 제대로 돌아가나? 국가를 뜯어먹는 사람을 늘리자고만 하는 민주당을 보고 걱정과 분노가 생길 수 밖에 없다.

국가에 의존하지 않고 스스로의 손발과 머리에 의존해 먹고 살아가는 나라가 건강한 나라이다. 국가에 의존하지 않아야 국

가 눈치를 보지 않는 자유로운 시민이 되고, 이러한 자유시민들
이 모여 진정한 공화국을 만들어낼 수 있다는 점을 우리는 명심
해야한다.

05
민주당은 반일 반미로
대한민국을 위기로 몰아가고 있다

민주당 586 운동권 정치 세력은 대한민국을 친일파가 세운 나라로 인식하고, 미국 앞잡이들이 정권을 담당하고 있다고 본다. 이런 인식은 민족을 우선하는 사상으로 발전하고 우리민족끼리라는 구호로 내세워지기도 한다. 그래서 민주당 정권을 빼고는 모두 타도되어야할 대상으로 간주한다. 오히려 중국과 가깝게 지내고 북한과는 민족으로서 동질성을 추구해야한다고 굳게 믿고 있다.

그런데 객관적인 현실은 북한이 핵무기를 개발하고 국제연합이 규탄하는 미사일을 계속 쏘아대면서 한국과 일본 미국을 협

박하고 있다. 동북아에서 긴장이 고조되고 생존 위협에 시달려야하는 것은 북한때문이지 한국 일본 미국때문이 아니다.

그런데 문재인 정부때 청와대 참모인 조국은 죽창가를 불러야 한다면서 반일투쟁을 호소하고 지금은 일본과 관계를 정상화하는 것에 대하여 위안부와 징용문제를 걸어 반일몰이에 몰두하고 있다. 급기야 후쿠시마 원천수 처리와 관련해서는 국민들의 핵공포로 몰아넣기 위해 괴담을 만들어 유포하고 반일선동을 하였다.

왜 반일 몰이에 나서는가? 이는 한미일이 굳건하게 북한의 위협에 맞서는 것을 막고자 하는 것말고는 설명할 수 없다. 일본과 틈을 벌이고 미국과 연계를 끊어버리는데 반일감정을 이용하는 것이다.

동북아의 위험은 중국이 핵공갈을 펴는 북한을 편들어서 생긴 것이지 한국이 미국에 배팅했기 때문에 생긴일이 아니다. 반일몰이에 앞장서는 민주당은 대한민국을 지켜야하는데 필요한 최소한 안전장치를 인정해야하는 마지노선을 넘고 있다.

제2부

민주공화국을 지키자

01
개딸 빠시즘과 투쟁해야한다[1]

1980년대 초반 학생운동권에서는 전두환 군사정권을 '파쇼'라고 했다. 북한에서도 '파쇼도당'이란 말을 써서 국가보안법 공소장에 자주 나오는 단어다. 공소장에 자주 등장한 걸 보면 당시 학생운동이 좌경화됐음을 말해주는 단어인 셈이다. 그러나 '파쇼'나 '파시즘'은 북한에서 만들어진 단어가 아니다.

제2차 세계대전을 일으킨 이탈리아 파쇼당과 독일의 나치당을 지칭해 파시즘 정당, 파쇼라고 한다. 독일 나치당 하면 공포 분위기가 바로 연상되는 것처럼 파쇼는 공공연한 독재테러를 말한다. 한동안 쓰지 않아 잊힌 단어를 다시 떠올리게 된 것은 최

---

1 신동아2023.12월호

근 민주당에서 벌어지는 '개딸'들의 수박 색출과 테러 위협 때문이다. 특정 열혈 지지자들을 '빠'라고 하는데 공공연한 수박 색출과 정치생명을 끊어버리겠다는 테러 위협을 일삼는 '빠'들을 과거 '파쇼'에 빗대 우리는 '빠시즘'이라고 칭한다. 그것도 결국은 파시즘이다.

개딸 행동은 사실상 정치테러

파시즘은 쿠데타처럼 소수 군인이나 어떤 소수 집단만이 일으키는 것이 아니다. 민주주의에 의거한 정치라 일컫는 '민주정(民主政)'에서도 발생한다. 민주정 운영에서 가장 중요한 운영 원리는 다수결이다. 다수의 결정을 따라야 한다는 원리는 때로 소수를 억압할 수 있는 원리가 된다. 다수를 앞세워 제멋대로 통치하고 소수를 괴롭힌다면 민주정은 소수자에게는 지옥으로 변한다. 지금 민주당에서 벌어지는 일은 소수이자 비주류인 '비명계'가 지옥 같은 상황에 놓여 있음을 말해준다.

민주정 민주주의는 반독재 민주화 투쟁을 할 때는 긍정적 의미를 갖고 있었다. 다수 국민의 뜻을 총칼로 또는 공포로 억누르고 있다고 생각할 때의 민주주의는 당연히 긍정적이고 보편적 의미를 지니고 있었다. 그런데 민주화가 진행되고 민주주의가 정착된 이후 다수결로 모든 것을 결정할 수 있다는 원리나 믿음이 얼마나 위험할 수 있는지 우리는 지금 목도하고 있다.

민주당 내 다수인 친명계는 이재명을 다음 대선에 다시 내세우려는 사람들이다. 범죄 혐의가 많은 이재명이 민주당을 방탄으로 사용하는 것은 있을 수 없는 일이라고 생각하는 이른바 비명계는 소수다. 지금 민주당에서는 다수가 소수를 공격하고 있다.

현역의원끼리 싸움을 하는 게 아니다. 이른바 '개딸(개혁의 딸)'들이 앞장서 지구당사 앞에서 "수박은 물러나라"면서 수박 깨기를 하고 문자 폭탄을 돌리고 있다. 당하는 사람들은 공포감을 느낄뿐더러 신변의 위협까지 경험한다.

그런데 다수파에 속한 의원 누구 하나 나서 개딸을 나무라지 않는다. 당 지도부가 나서 당내 분란을 일으키는 이른바 개딸 당원을 제명 처리하거나 징계를 내려 테러 행위를 막아야 함에도 어느 누구도 그렇게 하지 않고 있다.

아무 제지를 받지 않는 개딸들은 거침없이 길거리에서 공공연하게 누군가의 정치생명을 끊어버리겠다며 정치적 테러를 마음껏 일삼고 있다. 이것은 헌법이 보장한 언론·집회의 자유를 넘는 문제다.

조국 사태 때에도 범죄 혐의자를 옹호하기 위해 수십만 군중이 서초동 거리를 점령했다. 물론 범죄 혐의가 있는 그 누구도 재판에서 자신의 무죄를 얼마든지 항변할 수 있다. 그런 자유와 절차가 보장돼 있음에도 군중집회라는 다수의 위력으로 범죄 혐의 수사를 무력화하려 하기도 했다. 범죄 혐의 수사를 정치탄압이라 주장하며 범죄 혐의자를 보호하기 위해 검찰개혁을 명분으로 이용했다.

이제는 개딸들이 일상적으로 공공연한 정치테러를 벌여도 충격으로 받아들이지 않고 있다. 놀라거나 두려워하는 한계치를 계속 넘어서니 개딸들의 행동은 시간이 갈수록 거침이 없다. 그러나 개딸들의 사실상 정치테러 행위는 소수의 일탈행위로 치부하고 덮고 넘어갈 문제가 아니다.

중국의 문화대혁명도 "사령부를 포격하라"는 구호에 호응한 군중으로부터 시작됐다. 권력이 뒷받침해 주고 문필가들이 사상·이론적으로 격려해 주면서 군중의 폭력행위는 걷잡을 수 없이 번졌다. 지금 이 나라에는 개딸들을 격려하는 친명계 국회의원이 있고, 그들을 응원하는 문필가들이 있다. 즉 개딸 배후에 든든한 뒷배가 있는 것이다.

강위원 더민주혁신중앙회의 사무총장은 "이재명 체포동의안에 가결 투표한 국회의원들을 끝까지 추적해 정치생명을 끊어버리겠다"고 선언했다.

민주공화국에서는 개인의 자유가 무엇보다 소중하다. 자유로운 개인들이 결사한 것이 민주공화국이다. 그래서 개인의 양심의 자유를 침해하고 개인의 내면세계를 들여다보는 것을 반대한다. 개인 양심의 자유가 외부로 표현되는 출판·집회·언론의 자유를 중요하게 생각한다.

그런데 민주당에서 보이는 개딸들의 모습은 의원 개개인이 가지고 있는 양심의 자유, 즉 누구에게 투표했는지 공개하지 말아야 할 것을 공개하라고 요구하고 있다.

헌법이 보장하는 비밀투표의 자유를 민주당 의원들에게 윽박지르며 어떻게 투표했는지 공개하라고 강요하고 있다. 민주당 사람들은 이런 위협을 별일 아닌 것처럼 생각하는 모양이다.

공화국을 세우면서 맨 처음 천명한 원칙이 헌법을 따르는 것이다. 헌법에서 보장한 개인 양심의 자유를 유린하고 있는데 어찌 이게 별일 아닐 수 있나. 그래서 나는 민주당의 불감증이 더욱 위험하다고 생각한다.

개딸들은 '개혁의 딸'이라며 스스로 의미를 부여하며 자가발전했다. 20~30대 젊은 여성들로 구성돼 진짜 '딸'뻘인 줄 알았더니 사실은 40~50대 여성이 다수고 남성 상당수도 '개딸' 무리에 포함돼 있었다. 한 사람 한 사람으로 존재할 때는 한없이 약한 자들이다. 혼자 있을 때 속마음을 표현조차 못하는 사람들이 무리를 지었을 때는 가장 용감하고 과격해진다.

무리 지어 남들을 공격함으로써 권력을 추구하고 그것을 통해 인정받기를 원한다. '익명'이란 방패에 숨어 상대방을 테러한다. 한 사람의 테러는 무시할 수 있지만 무리를 이루면 피해자에게는 치명적이다. 비겁한 자들의 파시즘이다.

온라인은 이런 비겁한 자들의 놀이터가 되고 있다. 자신들이 보고 싶은 것만을 더욱 강화된 형태로 보여주는 온라인 세상은 익명을 보장하고 있다. 이들이 개딸이 돼 오프라인 광장으로 무리 지어 뛰쳐나오는 것이다.

'빠시즘' 방관하는 비겁한 386

민주공화국을 위협하는 개딸 '빠시즘'을 막으려면 개딸 수를 줄여야 한다. 나의 자유와 다른 사람의 자유를 존중하는 당당한 개인이 많아져야 한다. 무리 속에 숨어 인정욕구를 충족시키려는 비겁한 사람들이 개딸이다. 이들 개딸 숫자를 줄여야 한다.

기업을 일구는 기업가와 스스로 땅을 일구어 생활하는 자영농은 무리 지어 생활하지 않아도 자아실현을 하는 사람들이다. 남들 눈치 보지 않고 마음껏 자기 생각을 펼칠 수 있는 상공업 기업가와 자영농이 많아져야 무리를 지어 다니는 비겁한 사람들의 증가를 막을 수 있다.

민주화 투쟁은 자유를 억압하는 체제에 대한 반대가 가장 큰 이슈였다. 이런 투쟁을 정치적 자산으로 삼은 386들이 개딸에 침묵하거나 방관하는 것은 비겁한 일이다. 양식 있는 386의 침묵 속에 개딸들이 거리로 나가 실제 행동으로 옮기는 행태로 진화하고 있다.

오늘은 지구당사 앞에서 플래카드를 들고 위협하지만 내일은 중앙당사를 점령하고 온갖 요구를 걸며 당 운영을 마비시킬 수 있다. 이를 명분으로 개딸 우두머리들은 자신들의 정치적 욕심을 채울 것이다. 점잖게 충고해서 끝날 일이 아니다. 한때 어깨 걸고 같이 싸웠던 옛날의 동지에게 보내는 충고다. 개딸들은 양념이 아니다. 민주공화국을 지키기 위해 준동을 막아야 할 '파쇼'다.

02
좌파 포퓰리즘을 막아야한다[2]
공화국의 주인은 비용부터 생각한다

가정, 회사, 국가 모두 살림을 꾸려나가는 원리는 같다. 돈 쓸 곳은 늘 많다. 가정에서 수입에 맞춰 씀씀이를 조절하듯 회사나 국가도 마찬가지다. 수입을 감안하지 않고 '펑펑' 돈을 쓰다 보면 살림살이가 거덜 나고 만다. 부끄럽게도 이런 지극히 상식적 인식조차 생선 장사를 시작하면서야 하게 됐다.

모든 장사가 그렇겠지만 특히 생선 장사는 수요·공급 및 가격에 민감한 분야다. 공급 변동성이 엄청나게 크기 때문이다. 아침 6시부터 새벽 경매가 시작되고 그날그날 경매가가 정해지면 이

---

2 신동아2023.07월호

를 사들인 도·소매상들은 판매가를 정한다. 겨울에 많이 찾는 물메기는 한 상자에 8만 원씩 하다가도 어떤 날은 가격이 급락해 한 상자에 5000원 하기도 한다.

이유를 설명하자면 우선 물량이 쏟아져 나오면 가격이 떨어지는데, 당일 내장을 손질하지 않으면 상해버리고 만다. 일손이 부족할 경우 이걸 처리할 수 있는 업자는 손에 꼽을 정도로 소수라 가격 하락 폭이 더 커지는 것이다.

온라인 시장이 경쟁을 더한다. 오프라인 시장에선 흥정을 통해 가격이 조정될 여지가 있지만 온라인 시장은 가격이 완전히 공개된 상태에서 각 참여자가 저마다 가격을 제시한다. 그 결과 같은 제품이라면 내 물건보다 저가인 상품이 다 팔려야만 비로소 내 것이 팔릴 차례가 온다.

예컨대 내가 파는 소라가 1㎏에 1만 원인데 1㎏에 9000원인 상품이 올라오면 그 물건이 소진되길 기다려야만 한다. 이런 경쟁은 수시로 벌어지고 참여자들도 아주 당연하게 생각한다. 교과서에 나오는 수요·공급 곡선과 가격결정, 소비자 선택까지 서로 맞물리는 원리를 매일 보고 겪게 된다.

주인에게 비용은 생존 문제

자영업자들은 상품을 팔아서 이익을 남겨야 월세와 공과금을 내고 직원들에게 급여를 줄 수 있다. 모든 사장이 입을 모아 하는 말이 "왜 이리 월급날이 빨리 돌아오느냐"다. 하루하루 수입을 얻어 그때그때 결제를 해줘야 경매사나 어선이 물건을 조달해 준다. 다들 그야말로 '피 같은' 돈을 벌고 있는 것이다.

시장에서 만나는 상인들은 모두 자기 일의 주인이다. 상품을 얼마에 팔지 스스로 결정해야 한다. 항상 원가를 생각한다.

예컨대 고등어 한 마리를 판다고 해보자. 고등어 경매가, 항운노조 상차비, 운반비, 가게 임차료, 물값, 바닷물값, 전기요금에 직원이라도 있으면 인건비까지 전부 따진 후 판매가를 정하고 영업에 뛰어든다.

비용에 관심 없는 사람은 시키는 대로 하는 사람들이다. 주인이 아닌 사람은 유통과정이나 가격결정 등에 관심이 없다. 어떤 사람이 특정 조직에서 주인인지 아닌지는 그가 비용 문제에 관심이 있는지 없는지 보면 바로 알 수 있다.

주인은 고객이나 직원에게 제공할 상품만이 아니라 비용에 대해서도 관심이 아주 크다. 생존이 달린 문제이기 때문이다.

예전 학원강사 시절이나 정당에서 일할 때는 이런 경험을 할 수 없었다. 종합반 학원강사는 수업시간에 비례해 수당을 받고 재수생 관리를 할 땐 담임수당 등을 제공받았다. 정당에서 근무할 때는 국고보조금으로 운영되는 연구재단에 있었고, 선관위에서 들어오는 국고보조금으로 월급을 받았다. 학원 경영이나 연구재단 운영 문제에 관심을 가질 필요가 없었다. 예산은 정해져 있고, 나는 정해진 만큼 쓰면 그뿐이었다.

2017년 대선 무렵 방송에서 본 일이다. 서울 노량진 공시촌에 간 한 대통령 후보가 공무원 증원 공약을 하는 걸 보고 뒤로 자빠질 뻔했다. 공무원은 한번 늘리면 줄이기 어렵다.

당시엔 이미 인구 감소, 인공지능(AI) 등장 등 이유로 더는 공무원을 늘릴 필요가 없다는 예측이 나오고 있었다. 다른 건 차치하고, 국가라는 조직을 운영하고자 하는 사람이 직원을 늘리겠다는 것인데, '인건비를 생각해 보긴 했나' 하는 의문부터 들었다.

평생 남의 돈 받기만 하니까…

수산시장은 새벽 시간부터 생선을 싸게 구입하려는 도·소매상들로 인산인해를 이룬다. 사진은 2021년 1월 부산 서구 부산공동어시장에서 고등어 경매가 진행되는 모습. [동아DB]

수산시장은 새벽 시간부터 생선을 싸게 구입하려는 도·소매상들로 인산인해를 이룬다. 사진은 2021년 1월 부산 서구 부산공동어시장에서 고등어 경매가 진행되는 모습. [동아DB]

공무원 증원은 공무원이 되고자 일생을 건 사람한테서야 박수받고, 표를 얻지만 여기에 드는 비용을 생각하면 함부로 걸 수 있는 공약이 아니다. 즉 주인으로서 해야 하는 발언이나 행동이 아니다. 한 가정을 경영한다고 생각해 보자. 정원사·청소부·가정부가 있으면 당연히 좋을 테고, 원한다면 다 고용할 수도 있을 것이지만 모두 비용이 든다.

그만큼 신중하게 생각할 수밖에 없을 것이다. 그런데 국가를 경영하겠다면서 공무원을 마구 늘린다? 묻고 싶었다. "네 돈이면 그렇게 쓸 수 있느냐"고.

왜 비용에 대해선 관심이 없을까. 평생 남의 돈만 받으며 살아

인건비 무서운 것을 몰라서 그렇다. 한국의 수많은 사람이 공무원이 되거나, 공공부문과 맞닿은 일을 하거나, 국가의 도움을 받아 생활을 영위하고 싶어 한다. 강력한 중앙관료제 전통으로 인한 인습을 타파하지 못하면서 한국은 국민이 공무원이 되거나 공무원처럼 살고 싶어 하는 나라가 돼버렸다. 아이러니하게도 한국이 경제적으로 엄청난 성공을 거두면서 이런 현상은 더 심화하고 있다.

오늘날에도 "할 일이 많다"며 각종 위원회, 외청, 산하연구소나 재단 등이 우후죽순 생기고 있다. 지역구 의원들은 국가 예산을 지역에 편성했다고 자랑한다. 이들은 각종 지원책과 보조금을 나눠주는 것이 국가의 일이고 정치인의 임무라고 생각한다.

해마다 '대한민국 수산대전'이 열린다. 이때 수산물을 사면 할인해 준다. 수산물 소비 진작을 명분으로 정부가 보조금을 뿌리는 사업인데, 참가할 수 있는 업체가 포털과 온라인 유통 대기업뿐이다. 한국 곳곳에 시장이 있고 영세 상인이 장사를 하고 있음에도 이들에게 보조금을 뿌리는 데는 행정상 불편하니 대기업을 통해서 국가 사업을 하고 있는 것이다.

하루하루 몇백, 몇천 원을 두고 판매가 결정에 고심하는 영세

상인은 외면하고 포털과 대기업 유통망을 이용하는 소비자에게 보조금을 뿌리면 당연히 중소시장에서는 파리만 날리게 된다. 이래놓고 정부는 "수산물 소비를 진작했다"고 성과를 과시할 테다. 이런 일이 비단 수산대전뿐일까.

자신의 돈이라면 이렇게 나눠주는 데 열심일까. 이런 일을 볼 때마다 또 묻게 된다. "네 돈이면 그렇게 쓰겠느냐"고.

상공인이 주도하는 나라에 활력 생겨

국가재정은 국민 세금으로 조달된다. 이를 함부로 쓰지 못하게 국회의원 및 도·시·군·구 의원을 뽑아 예산을 편성하고 집행을 감시한다. 정치인이나 공무원이 주인의식을 가졌다면, 또는 주인을 대리하는 사람임을 자각하고 있다면 공공사업을 추진할 때 비용을 생각해야 한다. 이들은 혜택을 나눠주기만 하는 사람이 돼선 결코 안 된다.

평생 월급과 연금에 의존해 살아가려는 사람이 많아지는 나라가 돼서는 안 된다고 믿는다. 2010년 무렵 심각한 재정위기를 겪은 그리스를 들여다보면 그전부터 너도나도 국가의 돈으로 편하게 살려는 풍조가 국민 전체에 만연했다. 스스로 위험을 감수해가며 사업체를 이끌어 부자가 되기도, 실패를 겪기도 하는 상공인이 주도하는 나라에 활력이 생긴다.

수산시장에서 매일매일 벌어지는 치열한 경쟁으로 인해 오히려 국민은 값싸고 질 좋은 생선을 먹을 수 있다는, 삶의 현장에서 얻은 생생한 깨우침이다.

제3부

공화의 깃발을
들어야 하는 이유

01
공화의 원리 ①
"한 명의 개인이 나라 전체보다 무겁다."

대한민국은 민주공화국이다. 하지만 일부에서는 공화의 원리에 대한 인식이 없이 오직 민주주의 원리만으로 대한민국을 이끌려고 한다. 서양 역사를 보면, 19세기까지도 democracy 즉 민주주의는 '나쁜 정치체제'로 이해됐고, 그 이미지는 '가난한 군중(mob)의 난동'과 교활한 선동가의 포퓰리즘이었다.

플라톤이나 아리스토텔레스와 같은 고대 그리스 철학자들도 민주정을 나쁜 정치체제로 분류했다. 공화가 있는 민주만이 좋은 정치체제가 되는 것이다.

그렇다면, 민주공화국에서 민주와 공화의 두 원리는 어떻게 조화를 이루는가? 우선 민주공화국(democratic republic)은 공화국 중의 한 종류를 말한다. 즉, 공화국인데 민주적으로 운영되는 공화국이다.

공화국(republic, res publica)은 노예적 또는 종속적 상태에 있지 않은 '자유시민'(free citizen)들이 자발적으로 동의해 함께 만들고 운영하는 '모두의' 정치공동체를 의미한다. '모두의' 자발적 동의가 중요하다.

따라서, 공화국은 '만장일치'로 만들어지고 유지된다. 동의할 수 없는 사람은 언제든지 떠날 자유가 보장된다. 공화국의 멤버인 '자유 시민'에게 전체를 위해 희생할 것을 강요할 순 없다. 전쟁터에 나가 죽는 것도, 또 사형집행 당하는 것도 다 '자유 시민'이 사전에 합의한 규칙에 입각한 것이다. 그래서, 기꺼이 받아들여야 하는 것이다. '자발적 동의'는 시민적 자유와 공화국의 요체다.

이렇게 자발적 동의에 의해 공화국은 하나가 된다. 그런데, 이렇게 하나 된 공화국이 어떻게 행동할 것인지를 입법이나 정책으로 결정해야 할 경우, 모든 사안을 만장일치로 결정할 수는 없다. 그래서, 만장일치가 아닌 다른 세 가지 방식으로 입법과 정책을 결정한다. 즉, 한 명에 의한 결정, 소수에 의한 결정, 다수에 의한 결정이 그 세 가지이다. 한 명에 의한 결정은 왕정(monarchy)이나 참주정(tyranny), 소수에 의한 결정은 귀족정(엘리트정: aristocracy)이나 과두정(oligarchy), 다수(majority)에 의한 결정은 민주정(democracy)이다.

현대의 민주주의는 순수 민주정이 아니라 민주공화정이다. 공화정의 원리에 따라 만장일치로 헌법을 만들고, 헌법 안에는 만장일치가 아니고서는 변경할 수 없는 기본권과 국가의 통치구조에 대한 기본 합의를 넣어둔다. 특히, 자유시민으로서 절대 침해되어서는 안되는 기본권을 못 박아둔 것이 헌법이다.

그리고는, 다수결을 통해 통치자들을 구성한 후 이들에게 입법과 정책을 맡긴다. 다수결로 선출된 통치자들이 공화의 원리를 망각하고 다수파의 힘으로 헌법의 '침해되어서는 안되는' 부분을 변경하려 들 수 있는데, 이렇게 되면 민주공화국은 멸망하게 되는 것이다.

51%의 국민이 다수결로 49%의 기본권과 자유시민의 인간적 존엄을 훼손할 수 없는 것과 마찬가지로 4999만 국민이 99.9%

의 절대적 다수결로 자유시민 1명의 기본권과 인간적 존엄을 훼손할 수는 없다.

공화주의자는 1명의 자유시민이 나라 전체보다 무겁다고 생각한다. 이렇게 모두가 존중받는 자유시민들은 진정으로 단결할 수 있는 것이다.

02
공화의 원리 ②
"혈연민족주의의 끝은 전제정이다."

혈연민족주의(ethnic nationalism)적 원리는 공화국을 위협한다. '혈연민족'이라는 개념과 공화국은 양립할 수 없다. 혈연민족주의는 수천년간 인류가 터득해온 정치적 원리로 시민들을 묶어내는 것이 아니라, 수많은 사람들을 마치 큰 '가족'처럼 생각해서 묶어내려고 하는 이념이다. 시민들의 정치공동체에 사적인 가족의 원리를 적용하려는 이념이다.

과거 한국사회에서도 8촌 10촌 등이 한 지붕 아래서 살면서 일종의 혈족 '공동체'(공동체의 요체는 공유다)를 구성하기도 했는데, 이것을 확대해서 5천만명이 '단군의 자손들로서' 하나의 가족을 구성해 서로 나누고 도우며 살아보자고 주장할 수도 있는데, 이것이 혈연민족주의다.

대표적인 혈연민족주의 시도가 과거 일본이 추구했던 '가족국가'(家族國家: 카조쿠콧카)이다. 아마테라스 여신에서 나온 일가(一家)인 일본민족 전체가 하나의 가족을 이루고 있고, 아마테라스 이후 한번도 대가 끊어진 적이 없다는 천황가가 종가(宗家)를 맡는다는 것이다.

우리가 오늘날 가족도 아닌데도 나이가 많은 사람들을 아저씨(uncle)니 아주머니(aunt)라고 부르거나 형이라고 부르는 것은 가족국가를 추구하던 일본인들 치하에 살았던 경험에서 나온 것이다. 한국인들도 '가족국가'를 배웠던 것이다.

그런데 '가족국가'는 과연 실현가능한 프로젝트였을까? 서양에 despotism, despot이라는 단어가 있다. 각각 전제정 또는 폭정, 전제군주 또는 폭군으로 번역된다.

그런데, 고대 희랍어에서 despot은 별다른 뜻이 아니라 단지 '아버지'를 의미했다. despotism은 '아버지주의' 또는 '아버지적 원리로 통치하는 체제'를 의미한다. 아버지니 어버이는 참 좋은 말인데도, 실제로 아버지나 어버이처럼 행세하며 통치하면 전제정이나 폭정으로 전락하게 되는 이유가 무엇일까?

그것은 자연적 아버지 또는 자연적 어버이는 아내와 자식들에게 자연적으로 우러나오는 '사랑'이 있지만, 아무리 좋은 아버지나 어버이가 되고자 해도 5000만명에 대해 자연적 사랑이 없는 1인 통치자는 이 수많은 피통치자들에게 폭력적이고 강압적일 수밖에 없다. 사랑이 없기 때문이다.

사랑이 없는 가족은 지옥이 될 뿐이며, 사랑이 없는 가부장은 그 식솔들에게 악마가 되는 것이다. 그런 점에서 자유시민들간의 사회계약에 의한 국가운영이 아니라 마치 하나의 가족처럼 국가를 운영하게 되는 경우, 이러한 정치는 반드시 지옥과 같은 폭정으로 흘러가게 된다. 따라서, 자신을 자애로운 '아버지' '어머니' '어버이'가 되겠노라고 자처하는 정치가는 반드시 자유시민들의 정치공동체를 파괴한다.

거대한 '가족' 공동체(공유가 핵심)를 추구하는 혈연민족주의는 당연히도 '공유' 즉 사회주의와 친화적이다. 혈연민족주의는 정도가 심해지면서 파시즘으로 발전하게 되는데, 기타 잇키(北一輝)같은 일본 파시스트도 사회주의("純正社會主義")를 얘기했고, 히틀러도 민족사회주의를 얘기했다. 아리스토텔레스는 니코마코스 윤리학에서 '우애'(friendship)를 논하면서 우애는 '함께 나눔' 즉 공유를 그 요체로 한다고 설명했다.

그는 부모와 자식간의 우애가 가장 강하고, 그 다음이 형제들간의 우애, 그리고 가까운 친구들간의 우애가 강하다고 했다. 가족국가 프로젝트에 따라 5000만 국민을 하나의 가족으로 만든다는 것은 5000만 국민들 사이에 부모-자식간, 또는 형제간의 우애 정도를 실현하겠다는 것이며 이는 '공유'로 이어진다.

하지만, 피와 생활을 나누지 않은 5000만 국민들 사이의 우애란 약할 수밖에 없기 때문에 5000만 국민의 이름으로 국유화되거나 공유화된 것들은 소수 엘리트가 자기들끼리 향유할 수밖에 없다. 이들의 우애는 거짓이다.

한국의 많은 사회주의자들이 스웨덴이나 서유럽의 사회민주주의 또는 고도의 복지국가를 이야기한다. 하지만, 이들이 하나 망각하고 있는 것이 있는데, 그것은 이들 유럽국민들이 근대의 수많은 전쟁을 함께 겪으면서 국민들 사이에 강한 우애, 즉 전우애(戰友愛)를 가지게 되었다는 점이다.

1, 2차 세계대전을 통해 함께 피를 흘렸던 국민들이 소득과 재산을 나눠갖게 된 것이다. 이들 전쟁을 통해 시민권이 확대되었고, 여성들이 투표권을 갖게 되었고, 복지국가(welfare state)를 만들 수 있었다.

복지국가(welfare state)는 사실 전쟁국가(warfare state)이다. 하지만, 이렇게 '전쟁노력을 함께 한' 경험이 없는 한국인들이 북유럽 수준의 복지국가를 달성하려고 부자들에게 북유럽 수준의 조세부담을 강제하려 한다면 반드시 조세저항이나 탈세, 조세회피로 이어질 것이다. 민주공화국의 '복지국가' 정책 역시 자발성에 의한 것이어야 한다.

이러한 고도의 복지국가는 앞으로 대한민국 국민들이 주변국들에 맞서 싸우는 경험을 함께 해나가면서 국민들 사이에 '전우애'가 형성됨에 따라 천천히 실현될 수 있을 것이다. 현재로서는 공정한 시장을 기반으로 한 '좋은 자본주의'를 만드는 것이 급선무이다.

03
자유시민 중심주의
공무원의 나라에서 상공인의 나라로!

과거의 한반도는 관료와 농민만 있었을 뿐이었다. 자본주의 시장경제를 겨우 형성하기 시작한 대한민국의 경제개발 과정에서 우리는 거대한 국가관료 조직이 주도하는 권위주의 정치를 경험하기도 했다. 이러한 시대에 거대한 관료조직이 자리 잡았고, 국가는 사회의 모든 부분에 개입했다.

1987년에 이른바 '민주화'가 이뤄졌지만 대통령 직선제를 관철시킨 것일뿐 거대한 국가부문은 축소시키지 못했다. 거대한 관료조직과 그 정점에 앉아있는 '제왕적 대통령' 문제가 지금까지도 대한민국의 정치를 '소용돌이'로 몰아넣고 있다. 기업도 정부와 유착되어 있고, 사립학교들도, 심지어 시민단체들도 정부와 유착되어 있다.

　그 거대한 국가의 운영권을 놓고, 선거라는 생사가 걸린 거대한 도박판이 주기적으로 열리다보니 정치공동체 전체를 위한 자유시민들간의 차분한 논의는 존재하지 않는다. 자유시민들의 자율적 시민사회는 위축되어 있고, 선거를 통해 차지할 엄청한 이익은 막대하기 때문이다.

　프랑스 사상가 토크빌(Alexis de Tocqueville)은 〈혁명과 앙시앵레짐〉에서 프랑스대혁명 이후 프랑스가 한국과 비슷한 문제를 겪어왔다고 진단했다. "짐이 곧 국가"라고 외쳤던 태양왕 루이 14세로 대표되는 부르봉 절대왕정은 1789년 대혁명을 통해 붕괴되었는데, 문제는 절대왕정이 만들어 놓은 강력한 관료제가 고스란히 남았다는 것이다.

　그리하여 이 강력한 관료제를 손에 넣은 혁명정치가들은 자연스럽게 '1인 통치'로 빠져들었는데, 로베스삐에르는 독재자가 되었고, 나폴레옹은 황제가 되었다.

　프랑스는 강력한 관료제에 의해 비대한 국가부문을 가지게 되었고, 이에 따라 시민사회는 축소될 수밖에 없었다. 프랑스는 1인통치와 군중의 반란이 교차되는 역사를 가지게 되었는데, 이모든 것이 1789년 대혁명 당시 부르봉 관료제를 해체 내지 축소하지 못했기 때문이라는 것이 토크빌의 진단이었다.

마크롱 대통령이 대적해야 하는 것이 바로 이 거대한 국가부문이다. 대한민국 정치의 고질병도 프랑스와 비슷하다.

프랑스는 '파리의 택시운전사' 홍세화가 설파하듯 그렇게 평등한 나라가 아니다. 홍세화와 같은 프랑스 애호가들은 종종 프랑스 대학들이 한국과 달리 평준화되어 있다고 하는데, 사실 프랑스는 서울대, 연고대와 같은 한국의 명문대가 견줄 수도 없는 엘리트 교육기관들이 있다.

프랑스의 대통령 대부분을 배출한 에꼴 폴리틱(시앙스포)과 국립행정학교(ENA), 그리고, 졸업과 함께 국립대학 교수자격을 부여하는 고등사범학교(ENS), 이공계의 최고봉으로 수많은 대기업 및 국영기업 총수를 배출하는 에꼴 폴리테크닉 등이 그런 학교들이다.

베르그송, 사르트르, 보봐르, 푸코, 메를로뽕띠 등 기라성같은 프랑스 유력 지식인들은 함께 동문수학한 고등사범 출신들이다. 국영기업 등 국가부문을 컨트롤 하고 있는 프랑스 관료들은 무료 고등교육이나 기타 무료의 혜택을 나눠주면서 민중을 포섭한다.

어느 사람이 특정 조직에서 주인인지 아닌지는 그가 '비용' 문제에 관심이 있는지를 보면 알 수 있다. 주인은 혜택(benefit)뿐만 아니라 비용(cost)에도 관심이 지대하다. 하지만, 종속적 위치에 있는 사람들은 오직 혜택만 생각한다. 가족이 함께 탈 자동차를 구매하려 할 때 마냥 신이 나 있는 아이들과 달리 부모는 비용 문제로 고민이 많아지는 법이다.

다수의 영미(英美) 사람들이 '작은 정부'를 이야기하고 '예산 축소'를 이야기하는 것은 그들이 주인이기 때문이다. 반면, 프랑스 사람들은 복지 혜택만을 이야기하는 사람들이 많은 편인데, 그것은 그들이 종속적 위치에 있고, 사실 그 나라의 주인은 다른 사람들, 즉 국가관료들임을 의미한다.

강력한 중앙관료제, 국가의 간섭을 제대로 정리하지 못한 민주화 이후의 대한민국 역시 수많은 사람들이 국가의 관료가 되거나, 국가 부문에서 일을 하거나, 아니면 국가의 도움을 받아

생활을 영위하려고 한다. 한마디로 대한민국은 수많은 사람들이 공무원이 되거나 공무원처럼 살고 싶어하는 나라가 되어 있다.

따라서, 우리는 강력한 중앙관료제와 국가의 간섭을 축소하고 시장과 시민사회를 확대하고 활성화해야 한다. 그래서, 많은 사람들이 공무원처럼 되어 평생 월급과 연금에 의존해 살아가려는 이 나라를 스스로 위험을 감수해가며 사업체를 이끌며 부자가 되기도 하고 실패를 겪기도 하는 상공인들의 나라로 만들어야 한다.

국가에 의존하지 않고 스스로의 손발과 머리에 의존해 먹고 살아가는 나라를 만들어야 한다. 국가에 의존하지 않아야 국가 눈치를 보지 않는 자유로운 시민이 되고, 이러한 자유시민들이 모여 진정한 공화국을 만들어낼 수 있다.

시장과 시민사회를 활성화하기 위해 소수가 법 이외의 힘을 통해 이익을 독점하는 것을 막아야 한다. '공정'이 중요하다. 상품시장과 노동시장의 공정을 위해 법제도적인 개선과 함께 공정거래위원회같은 국가기관이 제대로 작동해야 하며, 검찰 등 다른 국가기관이 공정거래 여부를 조사하고 수사할 권한도 강화해야 한다.

공정거래는 상품뿐만 아니라 노동에도 적용되어야 한다. 이른바 '귀족노조'에 속하지 않았다는 이유로 일자리에서 배제되거나 동일한 노동에 대해 절반도 안되는 임금을 받는 일이 있어서는 안 된다.

특허법과 같은 기본적인 제도가 없인 시장이 형성될 수도 없듯, 시장은 꼭 필요한 규칙이 엄격히 준수되어야 한다. 시장은 자연적으로 생겨나는 것이 아니다. 마치 축구의 오프사이드 규칙처럼 시장을 규율하는 소수의 기본적인 룰은 반드시 지켜져야 한다. 그 외는 플레이어인 상공인 기업가들과 노동자들의 자율에 맡겨야 한다.

국가의 간섭을 약화시키고 자유시민들의 자율성을 강화시키기 위해 우리는 바다로 나가야 한다. 북유럽의 바이킹과 중앙아시아의 유목민은 자유롭게 움직일 수 있었기에 조금만 자신의 자유과 존엄이 손상 당할 것 같으면 밖으로 이탈해버릴 수 있었다.

따라서, 이들을 단결시키는 것은 강압이 아닌 자발적 동의뿐이었다. 대한민국 시민들이 해외를 오가며 유동적일 수록 대한민국은 자발적 동의에 의해 운영될 것이며, 그만큼 국가의 간섭은 줄고 시민사회가 강해질 것이다.

상공인의 나라를 만들기 위해서도, 자발적 동의에 기반한 공화국을 만들기에 위해서도, 우리는 바다로 나가야 한다. 대한민국은 해양국가를 지향해야 한다.

04
대한민국은 로마공화국의 길을 가야한다
- 마키아벨리

역사적으로 성공적인 공화국에는 몇 가지 종류가 있다. 서양에서 공화주의의 교과서로 간주되는 마키아벨리의 〈로마사논고〉는 성공적인 공화정을 로마공화정 같은 '민주공화국'과 스파르타와 베네치아 같은 '귀족공화국'으로 나누는데, 거대한 대륙의 한쪽 끝에 붙어 있는 로마처럼 반도국가의 경우, 민주공화국 모델을 택하는 것이 더 좋다고 이야기한다.

반면, 소수의 귀족이 단결해 나라를 이끄는 귀족공화국은 외교와 전쟁을 잘 해내는데, 매우 좁은 코린트해협에 의해 대륙과 단절되어 있는 스파르타는 사실상 섬나라였고, 베네치아 역시 완전한 섬나라였다. 이런 섬나라들은 외적의 침략에 강하기 때문에 거대한 시민단(市民團)을 가질 필요가 없다. 따라서, 시민단의 멤버십을 제한하고 시민단 내부적 단결에 힘쓰는 것으로 충분했다.

반면, 대륙에 붙어 있는 반도국가 로마의 경우, 스스로 시민단을 확대해나가며 대국(大國)이 되거나 아니면 대륙세력에 의해 정복당하는 두 가지 선택지밖에 없었다. 반도 내부에 있는 평민들에게도 귀족과 동일한 정치적 권리를 부여하거나, 로마와의 전쟁에서 패배한 국가의 시민들을 로마시민으로 포용하거나, 밖으로부터 이민을 받거나 하면서 로마는 시민단을 계속 확대해나갔고, 이를 통해 역사에 남을 위대한 제국을 만들 수 있었던 것이다. 비롤리(Viroli)같은 공화주의 사상가는 "좋은 공화국은 결국 제국으로 확대해나갈 수밖에 없다"고 한다.

여기서 말하는 '제국'은 국가가 무력으로 확대해나가는 제국주의와 다른 것으로, 자발적인 시민권확대를 통해 나라의 규모를 키우는 것을 의미하는데, 고대 중국에서는 이를 '천하'(天下)라고 불렀다. 미합중국(美合衆國)이 200년만에 인구를 300만명에서 3억으로 확대한 것이 대표적인 '제국'의 사례이다.

인구 14억의 중국 가까이에 있는 대한민국 역시 '로마공화정'

모델을 따라 시민단의 규모를 확대해나가는 것이 바람직하다. 이에 따라 동등한 권리를 가진 '자유시민'의 수를 늘려나가야 할 것이며, 이민에 문호를 개방해야 할 것이다.

노예적이거나 종속적인 주민들이 아닌 '자유시민들'이 함께 운영하는 민주공화국은 억압받는 해외사람들에게 마음의 동경이 될 것이며, '내 마음의 조국'이 될 것이다. 이것이 조셉 나이가 말한 '소프트 파워'다. 제국은 '소프트파워'로 세상을 이끈다.

반면, 제국주의는 무력과 같은 '하드 파워'에 의존한다. 좋은 공화정은 어쩔 수 없이 제국이 되기 때문에, 개방적이고 포용적인 대국, 즉 제국이 되는 것을 받아들일 준비를 해야 할 것이다.

05
대한민국은 임시정부보다 한민족보다 중요하다
– 대한민국 중심주의

아버지와 할아버지가 다투고 있다. 이해관계가 상충한다. 자식인 우리는 누구편을 들어야 할 것인가? 할아버지가 우리에게 피와 살을 물려줬다는 점을 잊어서는 안되겠지만, 우리는 아버지에게서 더 많은 것을 물려받았고, 내 삶 자체도 할아버지 보다는 아버지와 더 연결되어 있다.

대한민국임시정부도 마찬가지다. 임시정부의 유산을 물려받아 대한민국이 탄생한 것이긴 하지만, 임시정부와 대한민국의 이해가 상충한다면, 우리는 우리와 직접적으로 관련된, 그리고 우리가 그 건설과 운영에 벽돌 하나라도 보탠 대한민국을 지지

할 수밖에 없다. 임시정부 요인(要人)의 노고를 잊을 수 없지만, 만약 이 요인이 해방후 북한편에 서서 대한민국을 침공하는데 협조했다면 우리는 그를 적으로 간주할 수밖에 없는 것이다.

민족도 마찬가지다. 우리는 한민족 전체와 분명 관련이 있지만, 대한민국에 비해서는 그 관련의 끈이 약하다. 함께 고생해서 만들어온 대한민국보다 관계가 직접적일 수는 없다.

대한민국이 좋은 '민주공화국'으로 자리잡으면 반드시 수많은 사람들이 살고싶어 대한민국을 찾아올 것이다. 그것이 일본사람일 수도 대만사람일 수도 베트남사람일 수도 있다. 물론, 국제정치적 상황이 열려서 북한사람들이 자발적으로 대한민국 국민이 되기를 선택할 수도 있다. 로마공화정 모델을 따른다면 대한민국은 시민권을 개방하는데 어려움이 적을 것이다. 북한사람들이 오는 것을 환영할 것이다.

하지만, 민주공화국은 외부의 주민들을 구태여 합병하려고 노력하진 않는다. 따라서, 진정한 민주공화국이라면 대한민국은 '통일'을 인위적으로 추구해서는 안된다. 우리끼리 '최고의 정치체제'(best regime)를 만들어 운영하는데 집중해야 하며, 훗날 이 정치체제 안으로 북한사람들이 자발적으로 들어오려 할 땐 환영해야 할 것이다. 따라서, 대한민국은 '통일'을 국가목표로 정하고 인위적으로 추구해서는 안될 것이다. 이에 따라 1970년 이래 사용해왔던 통일부의 명칭도 '남북교류부'나 '남북협력부'로 변경해야 할 것이다.

1910년 강제로 병합된 이후 신채호 같은 민족주의자들은 구겨진 민족적 자존심을 되살리기 위해 만주까지 영토를 확대했던 광개토왕과 고구려를 치켜세웠다. 우리가 피, 땀, 눈물로 만들어 온 대한민국은 그 고구려보다 훨씬 더 위대해질 것이며, 이미 위대하다.

최근 나온 일본 〈닛케이〉 연구센터 예측에 따르면 대한민국의 1인당 GDP는 2023년에 일본과 대만을 앞질러 동아시아 1위에 오르고, 이후 계속해서 1위 자리를 지킬 것이라고 한다.

대한민국은 군사력에서도 세계 6위에 올라있고, 대중음악이나 영화, 드라마 등의 대중예술의 매력, 그리고 정치사회체제의 매력 등 '소프트 파워'에서도 세계적 수준에 올라있다. 대한민국은 한반도 역사에서 가장 위대한 나라가 될 것이며, 이미 되어가고 있다. 우리는 지난 한민족의 역사가 아닌 현재진행형인 대한민국의 역사에 관심을 가져야 한다.

제4부

대한민국이
나아가야 할 길

01
세계인 포용해서 帝國으로 가자[3]

　장사를 하면서 가장 어려운 일은 좋은 사람을 만나는 것이다. 횟집 운영은 물론 온라인 판매를 할 때도 고객 응대와 송장 입력 등에 능수능란한 사람을 만나기가 참 어려웠다. 나는 조그만 가게를 운영하는데도 이럴진대, 큰 회사를 운영하는 경영인은 대단한 사람이란 생각도 든다.

　A는 우리 가게에 '알바(아르바이트)'로 왔다. 오후 5~10시 동안 서빙 일을 한다. 고향은 미얀마다. 군사정권이 민주 투사 아웅산 수치를 밀어내고 권력을 잡고 있는 나라다. 나이는 28세다. 미얀마에서 대학을 졸업했음에도 한국에 온 뒤로 전북 군산

3　신동아 2023.08월호

에 있는 한 전문대에서 요리 관련 학과를 다니며 공부를 더 하고 있다. 8월이면 졸업 후 정식으로 취업할 일자리를 찾는다는데, 그때까지 돈을 번다며 알바를 2개나 하고 있다. 평일 저녁시간엔 우리 가게에서, 주말에는 다른 가게에서 일을 하는 식이다.

A는 미얀마에서 엘리트다. 일찌감치 한국에 오겠다는 계획을 세워 한국어를 연마했다. 실력이 출중하다. 우리 가게에서 전화 응대는 모두 A가 맡고 있다. 심지어 내가 자리를 비우면 인터넷 판매 내역 입력부터 송장 출력까지 능숙하게 해낸다. 뿐만 아니라 네이버 스마트스토어, 카카오톡, 지마켓, 쿠팡 등 모든 판매처의 주문 내역을 엑셀로 작업하고 택배사와 접촉해 일처리를 해낸다. 그래서 부득이하게 자리를 비워야 하는 외부 일정이 생기면 A에게 2시간 먼저 출근해 달라고 부탁하곤 한다.

A에게 한국은 기회의 땅이다. 오고 싶던 나라다. 오랜 준비 끝에 꿈을 이뤘다. 남동생도 유학 오게 해서 대학에 다니도록 했다고 한다. A는 보면 볼수록 성실하고 영민하다. 우리 가게에서 일한 지 7개월째인데, 참 고맙다. 카운터는 물론이거니와 설거지까지 맡고 있어서 늦게 퇴근할 때가 많으면서도 구김살 없이 손님들을 잘 응대한다. 나는 좋은 사람을 만난 셈이다.

일본 추월한 한국의 위상

우리 가게 앞엔 외국인 유학생이 모여 사는 기숙사가 있다. 아침이면 등교하기 위해 수백 명이 한꺼번에 쏟아져 나온다. 그 가운데 상당수가 알바를 한다. 이들을 볼 때마다 나는 '이들에게 한국은 뭘까' 하고 궁금해진다. 지금 이 시간에도 미얀마·베트남·라오스 등에서 수백 명의 학생이 한국으로 몰려들고 있다. 그들은 자신의 나라에서 이미 훌륭한 인재이면서도 한국에서 새로운 꿈과 기회를 찾고 있다. 이를 생각하면 의문은 이렇게 바뀐다. '그들에게 한국은 무엇이 돼야 할까'라고.

역사를 살펴보면 수많은 사람을 받아들여 나라를 키운 대표 사례로 로마와 미국이 있다. 이 가운데 대륙에 붙어 있는 반도국가 로마는 두 가지 선택지가 있었다. 하나는 시민단을 확대해 대국이 되는 것. 나머지 하나는 대륙 세력에 의해 정복당하는 것이다. 로마는 전자를 택했다. 로마는 시민단을 계속 늘려나갔고, 주변을 포용하는 이 힘으로 결국 유럽에서 가장 강한 제국이 됐다.

미국은 200년 만에 300만 명이 사는 나라에서 3억 명이 사는 나라로 커졌다. 세계의 인재를 무한대로 빨아들여 가장 강한 나라가 됐다. 인구가 늘어나고, 제국을 이룰 수 있었던 비결은 로마와 미국이 공화국이었기 때문이다. 공화국은 자유로운 시민들이 자발적으로 동의해 함께 만든 정치 공동체다. 자유 시민을 무한대로 받아들일 수 있는 정치체제다.

좋은 공화국은 결국 제국으로 확대될 수밖에 없다. 나는 한국이 좋은 공화국이 되고 아시아의 많은 젊은이가 한국의 자유 시민이 되길 선망한다면 한국도 제국이 될 수 있다고 생각한다.

A에게 물었다. "미얀마인이나, 같이 학교 다니는 외국인 친구들은 일본과 한국 둘 가운데 어느 쪽을 더 좋아하느냐"고. A는 "당연히 한국"이라고 답했다. 일본보다 한국이 훨씬 더 개방적이면서도 안전한 나라라고 인식한단다.

한국은 아시아의 많은 시민에게 매력적 국가다. 그들은 한국을 역동적이고, 활기차고, 다양한 문화를 받아들이고, 새로운 것을 뿜어내는 나라로 생각한다. 이것이 한국의 힘이다. 지난 70년 동안 한국이 이뤄낸 성과다. 아시아인들의 눈엔 한국이 이미 일본을 추월한 셈이다.

反日=百害無益

이처럼 한국은 좋은 공화국이 될 수 있는 요소를 많이 가졌지만 요즘 상황을 들여다보면 답답함이 밀려온다. 최근 반일(反日) 감정이 두드러지게 나타나는 '후쿠시마 오염수' 문제가 특히 그렇다. 불쑥불쑥 튀어나오는 반일 감정은 혈연에 뿌리를 둔, 배타적 민족감정이다.

좋은 공화국과 배타적 민족감정은 상극이다. 배타적 민족감정은 다양한 인종·국적의 사람을 받아들이는 데 거부감을 만들어내니 그럴 수밖에 없다.

반일 감정에서 나타나는 공격성은 아주 위험하다. 일본이 하는 일이면 무조건 의심부터 하고 본다. 일본이 민주주의 국가이고, 언론·사상의 자유가 보장된 나라라는 점은 고려하지 않는다. 심지어 "일본은 국제원자력기구(IAEA)를 돈으로 매수하고 데이터도 조작하는 나라"라고 주장하는 국회의원도 있다. 이러한 공격성을 다른 아시아인들은 어떻게 받아들일지 의문이다.

A는 "미얀마에서는 밤에 돌아다니다가 돈을 뺏기고 신체 위협도 받는 경우가 많은데, 한국은 안전하다"고 한다. A 외에도 많

은 아시아인이 "한국은 안전한 나라"라고 말한다. 그들이 말하는 '안전하다'는 바로 이런 개념이다. 기회의 땅인 한국에서 열심히 일할 수 있고, 자신의 능력을 발휘해 성공할 수 있는 것이다. 더 나아가 성공에 대해 한국인들이 자신을 공격하거나 부당하게 빼앗아가지 않는다고 생각한다는 것도 의미한다.

반일 감정으로 드러나는 공격성에 더해서 일본인 등 외국인을 2등 국민으로 차별한다면 누가 이 공동체에 참여하려고 할까. 이런 관점에서 나는 반일, 민족주의 등은 '백해무익'한 생각이라고 본다.

외국인 노동자 '값싼 노동력' 취급 말아야

한국은 외국인 노동자 없이 나라를 운영하지 못하는 상황까지 왔다. 내가 종사하는 수산업계만 해도 어부들이 대부분 외국인 선원이다. 어부뿐 아니라 다른 직종도 외국인 비중이 높아지고 있다. 농촌은 인력이 부족해 외국인 노동자를 지방자치단체 차원에서 계약하기까지 한다. 공장에서 힘든 일은 모두 외국인 노동자가 한다. 그들을 그저 '값싼 노동력'으로 치부하는 것은 정말 멍청한 생각이다.

한국이 이룬 70년의 성과를 토대도 모든 아시아인이 부러워하는 좋은 공화국이 되는 방향으로 나아가야 한다. 그래야 젊은 아시아인을 비롯한, 세계인을 빨아들이는 제국으로 커나갈 수 있다.

중국의 위협이 나날이 커지고 있다. 한국이 작은 나라라고 기죽을 필요 없다. '한국 땅덩어리 수준에 5000만 인구가 많다'고 생각하는 것은 패배주의적 생각이다. 좋은 공화국은 제국으로 발전한다. 한국도 1억 인구를 가질 수 있다. 세계인에게 한국의 시민으로서 정치 공동체에 이바지할 기회를 주어야 한다. 이는 한국이 로마와 미국처럼 될 수 있게끔 번영의 길을 열어줄 것이다.

20대 나이에 머나먼 이국땅에 용감하게 넘어온 A를 보면서 참 많은 생각을 한다. 미얀마에선 이미 최고의 인재고, 한국에 남더라도 훌륭한 국민이 될 것이다. A처럼 될 외국인이 한국엔 참 많다. 우리는 얼마나 좋은 나라에 살고 있는가. 좋은 공화국 한국을 만들어준 조상들께 머리 숙여 감사드릴 따름이다.

02
세계가 부러워 할 '상공인의 나라' 만들자[4]

나는 국가에 의존하지 않고 자유시민이 스스로 먹고살아 가는 나라가 좋다. 국가는 어려울 때 도와줄 수 있지만 모든 것을 해결해 줄 수는 없다. 국민 스스로 먹고살아 가는 나라가 되려면 상공인이 존중받아야 한다. 우대까지는 아니더라도 무시당하지는 말아야한다.

그런데 우리나라는 아직 사농공상의 서열 의식이 남아 있다. 신분제도가 철폐돼 많이 옅어졌다고는 하지만 펜대를 굴리는 권한 있는 자리에 올라야 '출세했다' '성공했다' 인정받는다. 시험 한번 잘 보면 인생이 크게 달라지는 것이다. 강력한 중앙관료제

---

4 신동아2023년11월

가 오랫동안 유지돼 온 까닭에 그 같은 생각이 쉽게 바뀌지 않고 있다.

우리나라는 한동안 국가 주도로 경제개발을 해왔다. 국가가 공권력을 앞세워 시민사회를 간섭해 왔고, 지금까지도 강력한 힘을 발휘하고 있다. 민주화가 이뤄졌다고는 하지만 여전히 많은 사람은 국가기관에서 일하거나 나라의 도움을 받아 생활을 영위하려고 한다. 한마디로 대한민국은 여전히 많은 사람이 공무원이 되거나 공무원처럼 살고 싶어 하는 나라다.

지난 정부 때 정규직을 늘린다며 공무원 수를 대폭 늘려서 국가 공공부문이 더 커진 상황이다. 나는 장사를 하면서 국가 공공부분이 커지면 나라가 위태로워질 수 있겠다는 생각을 하게 됐다. 돈 벌 사람은 줄어드는데 돈 쓰는 일에만 관심을 가지면 나라가 어떻게 되겠는가.

상공인 우대는 못 할망정 무시 말아야

민주공화국은 자유시민이 자발적으로 동의해서 함께 만들고 운영하는 '모두'의 공동체다. 스스로 먹고살아 가는 것이 아니라 국가에 의존해 살아가려는 사람은 자유시민이 아니다. 심하게 말하면 노예로 사는 것과 같다.

노예란 말이 불편하게 들릴 수 있지만 노예가 힘들기만 한 것은 아니다. 주인의 요구만 잘 맞추면 주인이 먹고 자고 입는 문제를 해결해 주는 게 노예다. 종속된 삶 속에서 어려움을 겪지 않고 편안하게 살기를 희망하는 사람은 달콤한 노예의 삶을 추구한다고 할 수 있다. 자유시민으로 산다는 것은 사실 고달픈 일이다. 살아가면서 부딪치는 온갖 위험을 자기 책임하에 감수해야 하기 때문이다.

시장에서 새벽을 맞이하면 생동감이 넘쳐난다. 사람들은 자신의 이익을 위해 물불을 가리지 않고 일한다. 상업이란 것이 생산된 물건을 이쪽에서 저쪽으로 옮기기만 하는 걸로 보이고 거기에 이윤을 붙이기 때문에 하는 일도 없이 돈을 버는 것이라며 과거에는 천대를 받아왔다. 뚜렷이 무엇을 생산한 것도 아닌데 이익을 본다는 것이 선비 입장에서는 이해되지 않을 수 있다. 그러나 상업이란 게 얼마나 모험적이고 위험을 수반한 활동인지 내가 직접 수산물 유통을 하면서 절감했다.

나는 수산물 유통을 하기 전에는 조경식재업을 했다. 조경식재업은 건설업에 속한다. 건설업은 역시 공사 수주가 생명이다. 내가 남들과 다른 특별하고 특수한 기술을 갖고 특화된 공정을 담당하는 게 아니기 때문에 공사 수주는 주로 단가와 연줄에 달려 있다. 일반적으로 조경식재 공사는 가격이 싸고 연줄이 튼튼하면 수주하는 데 유리하다.

그래서 나는 공사 수주에 영향력을 행사할 수 있는 사람들을 찾게 됐고, 그 사람에게 부탁하는 게 주된 일이었다. 내가 공사 수주를 부탁하는 일은 많은 사람이 아닌 특정한 몇몇 사람에게 집중된 일이었다. 그 사람을 만나기 위해 하염없이 기다리는 내 모습이 한심하다고 느껴본 적이 한두 번이 아니었다.

수산물 유통은 그와는 완전히 다른 일이다. 특정 몇몇 사람이 아니라 일반 소비자가 어떤 상품을 원할지에 집중해야 한다. 요즘은 대구철이다. 2kg, 3kg짜리 대구를 팔 때 다른 가게는 손질하지 않고 대구를 통째로 담아 보낸다. 고객이 대구를 직접 손질하라는 것이다. 이 큰 대구를 손질하는 것은 경험이 많지 않은 주부에게는 쉬 엄두가 나지 않는 일이다.

나는 적게 파는 대신 손질해서 파는 걸로 방향을 잡았다. 온라인 판매 때에는 내가 파는 가격과 내가 처리하는 모든 과정이 공개되기 때문에 가격과 품질 면에서 치열한 경쟁이 불가피하다. 소비자가 뭘 원하는지에 집중해야 좋은 가격에 먼저 팔 수 있다. 이처럼 장사꾼에게는 매일이 경쟁이고 전쟁이다.

경쟁과 모험 권장해야 부강한 나라 가능

조금 있으면 물메기철이다. 물메기는 바다 바닥을 긁어서 잡는데 잘 잡힐 때는 어마어마한 양이 잡힌다. 그런데 주말에 많이 잡히면 난감한 일이 발생한다. 물메기는 내장이 약해 바로 손질하지 않으면 냉동해도 잘 상한다. 그런데 주말에 그 많은 양을 처리할 수 있는 가게는 많지 않다. 양은 많고 처리할 곳은 없고 그래서 가격이 싸다.

하지만 평일날 물메기가 잘 잡히지 않으면 가격이 10배로 뛴다. 물메기로 승부를 보려는 사람은 물때가 사리일 때와 주말이 겹칠 때를 노린다. 바로 손질해서 팔든 말려서 냉동하든 돈이 된다.

그런데 언제 물메기가 많이 나오고 언제 가격이 떨어질지 어찌 알겠는가? 내일 가격을 아무도 모르는 게 수산물 유통이다. 오늘 적당한 가격에 샀는데 내일은 더 낮아질 수 있다. 못 팔면

폐기 처분해야 할 수도 있다. 수요 예측을 잘못하면 망한다. 그러니 수산물 유통은 모험이 될 수밖에 없다.

택배로 수산물을 파는 나에게는 아이스박스 얼음 포장지가 필요하다. 생선이든 아이스박스든 얼음이든 모든 거래는 누군가에게 이익이 된다. 이익이 되지 않으면 거래가 성립하지 않는다.

모두 이익을 추구하지만 한 사람만 이익을 독차지하는 게 아니라 모두에게 이익이 되는 게 시장이다. 거래량과 가격을 정하는 것도 시장이라고 하는데 장사꾼들의 이익 추구 활동이 서로 이익이 되는 가격을 결정해 준다.

나는 수산물 유통을 하면서 사람들의 욕망이나 이기심을 칭찬하기로 마음먹었다. 비난받을 일이 아니라 오히려 권장할 일이다. 이기심과 이익이 사회발전의 원동력이라는 것을 믿게 됐다. 물론 거래의 규칙은 있어야 한다. 규칙을 잘 정해야 쓸데없는 분쟁이나 헛된 수고를 하지 않게 된다.

나는 매일 시장 바닥에서 경매부터 고객에게 택배로 보낼 때까지 경쟁하고 위험이 따르는 결정을 내린다. 나뿐만 아니라 모든 상인이 매일 하는 일이다. 물고기가 팔딱팔딱 뛰듯이 살아 움직이는 결정을 매일 한다. 당연한 일이다. 내가 새벽 시장에서 매일 보는 이런 생동감 있는 모습과 분위기가 우리나라에 꽉 차 있으면 얼마나 좋을까 생각한다.

우리나라가 지금처럼 성장할 수 있었던 것은 가발과 옷, 배와 자동차를 열심히 만들어내고 장사꾼들이 세계시장에 나가 열심히 팔았기에 가능했다. 잘살아 보려는 개인의 의욕과 욕심, 이기심이 대한민국 국가 발전에 기여한 것이다.

경쟁과 모험을 권장하고 개인이 성공하도록 보장해 주는 나라가 성공한 나라, 부강한 나라가 됐다. 영국과 미국이 대표적이다. 한동안 국가 주도로 경제를 발전시킨 우리나라는 시장에 점차 많은 영역을 넘겨주었다. 하지만 더 큰 나라, 부강한 나라가 되려면 아직 부족하다.

공무원이 되겠다며 노량진 공시촌으로 몰려가고, 판·검사가 되는 게 성공의 척도가 되는 사회는 미래가 없다. 공무원이 돼 평생 월급과 연금에 의존해 살아가려는 나라가 아니라, 스스로 위험을 감수해 가며 사업체를 이끌어 부자가 되기도 하고 실패를 겪기도 하는 상공인의 나라로 바뀌었으면 한다.

국가에 의존하지 않고 스스로의 손발과 머리에 의존해 먹고살아 가는 나라가 좋은 나라다. 국가에 의존하지 않아야 국가 눈치를 보지 않는 자유로운 시민이 되고, 그러한 자유시민이 모여야 진정한 공화국이 된다. 진정한 공화국이라야 과거 로마처럼 세계가 부러워하는 나라가 될 수 있다.

국민 누구나 자유를 맘껏 누리며 살고 있는 대한민국이 앞으로 전 세계 상공인들이 부러워할 만큼 상공인에게 기회가 많은 나라, 상공인의 나라가 되기를 시장 바닥에서 꿈꾸어본다.

03
기업하기 좋은 나라가 노동자에게도 좋다 [5]

내 인생에서 돈을 많이 벌어야겠다든지 축재를 해서 재산증식을 해봐야겠다는 생각을 안해봤다. 아마도 이 자본주의 세상에서 돈의 노예로 사는 것은 창피한 일이라 생각했던 것 같다. 그러면 생활을 어떻게 했을까?

맘만 먹으면 어렵지 않게 돈을 벌었다. 좋은 대학을 다니고 좋은 학과를 다녔으니 과외를 하더라도 쉽게 돈을 벌었고 정치활동을 하면서는 후원도 있었고 어느 때부터는 일명 등처가 돈 버는 와이프 옆에서 곤궁함을 모르고 살았다.

---

5   신동아2024.1월호

자본주의는 임노동과 자본으로 나뉘어진 사회이고 자본은 임노동을 착취하면서 돈을 번다는 경제학이 내가 대학생활에서 배우고 익힌 경제학이다.

사람 손을 거치면서 가격이 오른다

생선가게를 하면서 내가 파는 물건가격을 정하기가 어려웠다. 가장 먼저 할 수 있는 방법은 다른 사람들은 얼마에 파는지 살펴보는 것이다. 이유야 어찌됐건 다 이유가 있어서 가격을 정했으니까.

그런데 이 가격결정이 참으로 어려웠다. 일단 수산물은 일정한 수요가 있지만 공급이 정말 불규칙한 상품이다. 며칠동안에 서너배가량 뛰는 것은 다반사였다. 같은 조건에서 경매되는 물건가격이 전국에 공개되기 때문에 구입단가는 별 차이가 없지만 온라인에서 판매하는 소비자 가격은 천차만별이었다.

그런데 사람손을 거치면 가격이 오른다. 예를 들면 꽃게를 팔면서 나보고 왜 이리 싸게 파냐고 했는데 내가 경험해본 바로는 꽃게는 사람 손을 거치면서 가격이 오른다. 위판장에 가면 이런 표어가 붙어있다. 제대로 분류해서 제 값 받자. 그렇다. 꽃게는 바닷가 항구에서 일하는 항운노조원들의 손이 닿으면 가격이 오른다. 나처럼 배에서 내리는 물건 즉 어부들이 눈대중으로 대충 큰 놈 작은 놈 분류해서 가져온 것은 싸지만 이놈들을 무게별로 분류하는 기계로 항운노조원들이 분류작업을 하면 가격이 오른다.

또 꽃게들끼리 가까이 놔두면 집게발로 서로 싸우기 때문에 집게발을 잘라버리는 일들을 하기도 한다. 당연히 가격이 오른다. 결국 사람 손이 닿을 때마다 인건비가 누적되면 꽃게값은 그만큼 오르게 되어있다.

사람들은 흔히 말하기를 인건비를 줄이면 이득을 본다고 한다. 꽃게 작업하는 사람 값을 적게 주면 나에게 이익이 떨어진다고 말한다. 즉 투입된 노동력을 착취해야 돈을 벌 수 있다는 것이다.

그런데 바삐 돌아가는 세상에서 그 가격을 끌어내리려고 탄압이나 협상을 하는 것은 어리석은 일이다. 그 시간에 장사치들은 빠른 시간에 많은 양을 소화해서 돈을 벌던지 손님들이 원하는 다른 상품으로 바꾸어서 돈을 번다.

손님이라는 사람을 상대하기도 힘든데 왜 일하는 사람과 노임 가격협상을 하는가? 동네에 가면 대충 원하는 가격이 정해져 있고 굳이 국가가 나서서 가격을 정하지 않아도 되는 일들이다.

예를 들어 갑오징어 한 상자 손질하는데 얼마 이러지 몇 시간 노동해서 얼마 이런 계산은 생선 손질 수산물 손질에서는 별로 일어나지 않는다. 숙련도에 따라 자신에게 맡겨진 것만 처리해 주면 되는 생선손질에는 한 상자당 가격이 좋다. 공장에서야 똑같은 일을 반복해야 하기에 통일적인 계산 방법이 필요하겠지만 말이다.

나는 노동가치설에 입각한 노동시간에 따른 노동력 계산을 논하고 싶지는 않다. 내가 수산물을 다루면서 만나는 삶의 현장에서는 노동력의 거래이던 상품의 거래이던 모두 서로 이득이 되면 이루어지고 그렇지 않으면 즉 한쪽이 손해다 싶으면 거래가 이루어지지 않는다는 점이다.

그래서 생각해봤다. 자본주의에서 노동력이던 상품이던 모든 거래는 상대방이 손해를 봐야 나에게 이득이 생기는 것인가? 노동을 착취해야 자본가들은 돈을 벌고 이득을 얻을 수 있는가. 자본주의 초기에 어린이들 노동이 있고 장시간 노동을 당연시 하던 시기에는 그럴 수 있지만 사회가 발전하면 그런 방식으로 돈 버는 것은 어렵기도 하거니와 노동부에 불려다는 등 쓸데없는 일들이 많아질 뿐이다.

나는 군산 해망동 어판장에서 온라인에서 상품을 팔면서 상호 이익이 되는 거래를 배우게 되었다. 시장에서 거래는 서로간에 이익이 된다. 서로 이익이 되지 않으면 거래가 성립하지 않는다. 내가 판매하는 물건은 고객이 필요해서 산다. 고객에게 이득이 되기 때문이다. 대구1마리 사기위해서 마트에 가는대신 집에까지 도착하기 위해 택배비 4,000원을 지불한다.

고객의 시간과 노력을 절약하는 방법이 택배비 지불이다. 내가 이익을 준 만큼 내가 이익을 얻는다. 이런 거래가 많아져야 시장규모가 커진다. 당연히 규모가 커지면 커질수록 이 거래에 참가한 수많은 사람들이 이득을 본다. 서로에게 이득의 규모가 커지게 된다. 이게 자본주의이다.

그런 점에서 자본주의 즉 아동노동 등 불평등 노동을 근절한 지금의 자본주의는 서로에게 이익이 되는 이타적인 제도이다.

나는 사람들이 욕망을 가진다는 것을 긍정한다. 잘살고 싶다!, 돈 많이 벌고 싶다! 이런 욕망은 사회를 발전시키는 긍정적인 에너지이다. 그런 욕망을 추구하는 방법을 규칙을 잘 정해서 합리적으로 추구하게 하는 것이 여러 법률과 관습 문화이다.

욕망을 이루겠다는 긍정적인 에너지가 터져나와야 사회가 역동적인 사회가 된다.

일하는 사람을 잘 조직해서 더 많은 상품을 만들고 서로 이익이 되는 거래를 통해서 성공하는 것이 얼마나 좋은 일인가. 그런 것을 격려하고 장려하는 사회가 나는 좋은 사회라고 생각한다.

상대에게 이익 준 만큼 이득을 얻는다

정치든 국제관계든 다 마찬가지이다. 모든 일에는 상대가 있고 상대에게 이익을 줄 것을 생각해야한다. 나 혼자 독식하거나 지배할 수 있나? 상대에게 준 만큼 나도 이득을 얻는다. 20세기 중반까지 식민지배가 더 많은 이익을 준다고 생각했기에 식민지배를 선호하였던 시대가 있다.

그러나 식민지배는 비용이 많이 든다. 군대를 주둔시키고 사람들을 억압해야하고 감옥에 가둬야한다. 이 모든 일에는 비용이 든다. 식민지배대신 거래를 하면 된다. 그 거래를 통해서 서로 이득을 보는 것이 훨씬 나은 방법이다.

지금까지 대한민국은 잘해왔다. 전세계를 상대로 우리는 좋은 상품을 만들고 서로 이익이 되는 거래를 키워왔다. 그래서 무역국으로 10위권안에 드는 대국으로 성장했다. 일본과의 관계도 미국과의 관계도 서로 이익이 되는 방향으로 거래를 해왔다. 중국과 러시아와도 좋은 거래관계를 유지해오다가 핵무기를 만드는 북한을 편들고 대국이라고 힘을 자랑하면서 불편한 관계가 되었다. 중국도 대한민국이 가진 좋은 점과 매력을 거래할 생각을 해야한다. 100년전 번속국이었던 조선으로 생각하고 대하면 좋은 거래가 성립할 수가 없다.

내 가게에서 생선손질하면서 생각한다. 내가 생선 배를 가르고 내장을 제거해서 요리하기 좋게 깔끔하게 손질한다. 이걸 사가는 분들은 집에서는 가족들에게 장사하는 분들은 찾아오는 손님들에게 맛있게 요리하는 것에 집중한다.

어떤 점에서는 더럽고 차가운 물을 만지는 일이라 고될 수 있지만 그게 내가 이 사회에서 상대에게 이득을 주고 내 이득을 취하는 방법이다. 세상에 공짜는 없다.

[기업하기 좋은 나라를 위한 몇 가지 제안]

국가가 시장에 개입하여 시장질서를 흔드는 것은 바람직하지 않다. 그러나 국가가 교통인프라를 깔고 식량과 에너지를 안정적으로 공급하는 것은 산업정책으로 대단히 중요한 일이다. 나는 이와 관련해 국가가 해야할 일이 있다고 믿는다.

그리고 그것이 기업하기 좋은 나라/노동자에게 유익한 나라가 될 것이라 믿고 내 소신을 밝혀본다.

1) 값싸고 질좋은 에너지 공급

문재인 정부때 탈원전을 추진했다. 이 정책은 우리 산업을 망치는 완벽한 자해행위였다. 최근 미국은 한국철강제품에 대하여 값싼 전기료가 정부보조금이기 때문에 상계관세를 매긴다는 보도가 있었다.

이것은 한국 전기료가 얼마나 값이 싼지 그리고 그로인해 국제적인 가격경쟁력이 있다는 것을 적나라하게 보여주고 있다. 국가는 책임지고 값싼 에너지를 공급해야한다.

그리고 재생에너지보다 원자력이 훨씬 싸고 안정적인 에너지를 공급하고 있다. 삼성에서 반도체공장을 짓고 있다. 용인일대에 새로 짓는 삼성반도체공장이 완공되면 우리나라는 원자력 3기에 해당되는 전기공급이 필요로 한다고 한다. 이처럼 산업에서 전기에너지는 중요하다.

원자력 강국인 대한민국은 에너지 공급의 안정성에서라도 원자력발전을 늘려야한다. 더군다나 갈수록 소형화되는 원자력발전의 추세에 발맞추어 소형원자로 SMR개발에 국가 연구역량과 연구예산에 전폭적인 지원을 해야한다. 앞으로 100년을 내다볼 때 이 일은 대단히 중요하다.

2)상속세폐지

상속세에 대해서 많은 논란이 있고 찬반이 있는 것은 잘 알려져 있다. 그런데 그런 논쟁에 숟가락 더 얹을 생각은 없다. 대규모 기업 재벌들이 상속세를 피하기 위해서 온갖 편법을 동원한다. 예전에는 그룹 비서실에서 방법을 찾아내기 위해 별짓을 다했다고 한다.

그러나 그게 무슨 짓인가? 자식에게 물려주려는게 상식적인 사람들의 행동패턴인데 이걸 어거지로 누른다고 될일이 아니다. 그 시간에 경쟁에서 이기기위해 방법을 찾고 노력하는게 낫다. 최대재벌인 삼성가조차도 상속세를 물기위해 자신이 보유하고 있는 주식을 팔아서 상속세를 내야한다고 한다. 이게 맞는 일인가?

인간은 자신이 열심히 일하는 이유는 자신만의 행복을 추구하기 위함만은 아니다. 자신의 유전자를 갖고 태어난 자식들에게 재산을 물려주려는 것은 당연한 욕망이다. 이런 욕망은 오히려 사회발전에 원동력이 되는게 사실이다. 더 많이 벌었으면 엄청 더 많이 상속세를 내야하는 제도는 인간본성에도 맞지 않고 사회발전에 보탬이 되지 않는다.

앞으로 외국인들이 더욱더 많이 대한민국에 투자하고 대한민국 국민이 되려고 할터인데 다른 나라와 비교해서라도 높은 상속세는 바람직하지 못하다는 생각이다.

돈 많이 번 사람에 대해서 징벌적인 생각으로 상속세를 많이 물려야한다는 것보다는 세계인들이 의욕적으로 투자할 수 있는 환경을 만드는게 중요하고 그런 점에서 징벌적인 상속세는 재고해야 마땅하다고 생각한다.

3)바다로 뻗어나가야한다

유라시아 대륙철도가 대륙으로 가는 길의 꿈이라고 선전된 적이 있다. 그러나 바다가 훨씬 절며하고 대규모로 운송할 수 있고 규칙적으로 운행되고 있다.

부산항에 가면 목포항이나 군산항 인천항조차도 게임이 되지 않는다는 걸 보게 된다. 미국LA에 15일이면 도착하면 컨테이너선은 수출로 먹고사는 우리에게 중요한 해운노선이다. 중동에서 석유를 싣고 규칙적으로 들어오는 석유 운반루트는 석유가 3개월 비축분밖에 없는 우리에게는 매우 중요한 생명줄이다.

그래서 호르무즈해협이 중요하고 남지나해와 대만유역이 중요한 것이다.이럼에도 우리는 바다를 소홀히 하고 있다. 현대상선이 무너지고 나서 등장한 해운산업 중요성에 대한 언론보도는 우리가 얼마나 바다를 무시했는지 보여준다.

바다에서 생활하는 수산인들도 단백질 공급이라는 식량안보 측면에서도 중요하지만 안보측면에서도 대단히 중요한 자원이다.

배가 커야 바다를 지킨다. 중국어선들의 영해침범을 막기위해

서는 해양경찰을 동원해서만 해결할 수 있는 것이 아니다. 배가
크면 얼마든지 큰 역할을 하는 법이다. 이런 것은 모두 규제에
묶여있다. 바다로 활기차게 나가게 열어줘야한다.

04
통일은 장기과제로,
당분간은 평화에 집중

남북한은 통일될 것이다. 언젠가는 반드시 통일되어야 한다. 하지만, 통일이 단기적으로 쉽지 않을 것이라는 현실론이 있다. 그것은 중화인민공화국 즉 중국의 존재때문이다. 공산화된 중국과 공산화된 북한은 마치 쌍생아처럼 생애를 함께 해 왔다.

일본 패망과 함께 러시아 세력이 남하하면서 만주지역에 진출하고 북한에 사실상의 친소 공산정권을 설립하였고, 이러한 공산세력의 확대는 중국 공산당이 협소한 옌안(延安)에서 당 무장활동의 거점을 만주지역으로 옮기는 것을 도왔다.

만주에서 진행된 국공내전에서도 북한지역이 공산화되어 있었던 것이 중국 공산당에게는 큰 도움이 되었다. 예컨대 공산당 군대는 필요시 두만강과 압록강을 넘을 수 있었지만 장개석의 국민당 군대는 그럴 수 없었는데, 이 차이가 얼마나 큰 전술적, 전략적 차이를 가져왔을지는 쉽게 상상할 수 있을 것이다. 이렇게 공산화된 북한의 존재는 중국 공산당의 내전 승리와 중화인민공화국 설립에 기여했다.

1950년 한국전쟁 당시 북한의 남침이 실패로 돌아가고 유엔군이 압록강까지 북상했을 때 중국군이 개입하지 않았다면 전쟁은 그대로 유엔군의 승리로 끝났을 것이고, 그랬다면 한반도는 그때 통일되었을 것이다.

하지만, 마오쩌둥은 원래 스탈린, 김일성과 합의한대로 참전했고 전쟁은 원래의 38선을 중심으로 교착상태에 빠졌다가 1953년에 휴전하게 되었다. 그리고는 지금까지 분단이 이어져 오고 있는 것이다.

중국은 미국을 중심으로 하는 서방세력과 좁디좁은 압록강, 두만강을 사이에 두고 대치하고 싶어하지 않는다. 많은 강대국들이 그러하듯 서방과의 사이에 '완충지대'(buffer zone)를 두고 싶어한다.

유엔군이 급히 북상하던 1950년 당시 마오쩌둥은 저우언라이에게 유엔군이 평양-원산 라인 이북으로만 안 올라오면 공격하지 말라고 지시한 적이 있다. 이 평양-원산 라인 이북 지역, 대략 평안북도와 함경남북도가 마오쩌둥 머리 속에서는 완충지대였던 셈이다.

북한, 특히 북한의 북부지역은 중국의 완충지대이므로 중국은 어떤 비용을 치러서라도 이 지역을 지키려 할 것이다. 그런점에서 중화인민공화국이 건재하는 한 북한이 붕괴되는 것을 방관하지도 않을 것이고 특히 대한민국에 흡수통일되는 것을 용인하지 않을 것이다.

과거 동독은 소련에게 있어서 최전방 완충지대였다. 동독의 붕괴와 서독으로의 흡수통일을 용인한 것은 소련이 페레스트로이카 이후 경제적으로나 정치적으로나 흔들릴 때였다. 이미 붕괴되고 있던 소련 제국이었기 때문에 고르바초프는 미국과의 몰타회담에서 독일통일을 용인할 수밖에 없었던 것이다.

남북한 통일의 기회는 비슷한 상황에서 찾아올 것이다. 중화인민공화국이 지금으로서는 예상도 할 수 없는 모종의 '대변화'를 맞아 북한의 붕괴 및 대한민국으로의 흡수통일을 용인하게 될 것이다. 그 시점이 최소한 중기, 현실적으로 장기적이라고 보는 것이 합리적일 것이다. 그런 점에서 남북한의 관계는 당분간 평화관리 및 교류에 초점을 맞추는 것이 옳을 것이다.

북한핵이라는 문제

북한의 핵무기 또는 핵장치(nuclear device)를 제거해야 하는데에는 누구도 이견이 없을 것이다. 문제는 '어떻게'(how)이다. 우선은 미국 및 우방들과 협력해 경보시스템을 강화하고 북한이 도발할 수 없도록 막아내는 '억제력'을 강화해야 한다. 하지만, 억제력은 당장 사용하지 못하도록 막는 것일 뿐 핵무기 자체를 포기하도록 만드는 것은 아니다. 우리의 북한핵 정책은 '억제'에 머물면 안되고 궁극적으로 '폐기'가 되어야 할 것이다.

북한이 핵을 가지게 되는 것은 1990년대 초 중국과 러시아의 개혁개방과 이에 따른 북한의 외교적 고립이 첫번째 이유이며, 이후 북한 경제의 지속적 저성장에 따른 재래식 군비의 쇠락이 두번째 이유이다.

현재 대한민국의 재래식 군비는 세계 6위 정도로 평가되고 있으며, 현재 국방에 쏟는 노력이나 한국 방산의 실력을 보건대 세계 5위, 4위로 올라갈 저력도 가지고 있다. 반면, 북한의 재래식 전력은 전쟁 전 우크라이나보다도 낮은 30위 정도로 파악되고 있다.

북한핵 문제의 딜레마는 북한이 재래식 군비를 어느 정도 강화해 국방에 자신감이 조금이라도 생겨야 핵무기를 포기시킬 수 있는데, 미국의 대북 강경파는 북한이 먼저 핵무기를 포기해야 경제성장을 도와줄 수 있다는 입장을 고집한다는 점이다.

이러한 문제를 해결하는 방법은 '핵무기를 다 포기하면' '경제성장을 전격 지원한다'는 식으로 너무 크게 주고받지 말고 서로 신뢰도 쌓을 겸 '핵무기의 100분의 1 먼저 내놔라' 그러면 '경제성장 좀 도와주겠다, 경제제재 조금 풀어주겠다'는 식으로 조금씩 주고받는 것이다. 아직 서로 신뢰를 못할 때에는 이렇게 조금씩 맞교환하면서 서로를 믿어가는 과정이 필요한 것인다. 문제는 미국과 북한측이 이렇게 할 의사가 있는지, 그리고 한국 정부도 이를 중재해줄 능력이 있는지이다.

이번 우크라이나 전쟁을 통해 북한은 군사력이 절대적으로 약세만 아니라면 최소한 '방어'를 하는데는 그렇게 어려움이 없다는 점을 목격했을 것이다. 가자지구에서는 중동 최강이라는 이스라엘군이 터널에 의존해 방어하는 소수의 하마스 게릴라들과의 싸움에서 쉽게 이기지 못하고 있다.

재블린이나 맨패즈 같은 휴대용 대전차, 대공 미사일은 매우

효과적이고, 이런 휴대용 미사일의 시대는 아직 '방어'에 유리하다. 그만큼 재래식 군비가 부족하더라도 북한은 방어를 해내는 데 좀 더 자신을 가질 수 있다는 것이다.

하지만 재래식 군비는 경제력과 뗄레야 뗄 수 없는 관계이고, 북한의 경제규모가 대한민국의 40분의 1 내지 50분의 1인 현재 상황에서 그 격차가 더 벌어지면 북한으로선 최소한의 방어조차도 어려워질 것이다. 그렇게 된다면 북한은 더더욱 핵무기를 포기할 수 없게 될 것이다. 우리는 북한이 자신감을 갖고 세상에 나오고, 북한의 미래와 인민들의 삶에 아무런 도움도 되지 않는 핵무기를 껴안고 죽어가지 않도록 설득해야 한다.

당분간은 독일과 스위스처럼!

같은 언어를 쓰고 같은 문화를 가진 혈연민족이라고 해서 꼭 한 나라가 되어야 하는 것은 아니다. 대표적인 사례가 독일민족, 즉 게르만민족이며, 앵글로-어메리칸이 주축인 영어권이다. 현재 게르만은 독일, 오스트리아, 스위스, 리히텐슈타인으로 나뉘어 있고, 앵글로-어메리칸은 영국, 미국, 캐나다, 호주, 뉴질랜드, 남아공 등으로 나뉘어져 있다. 이들은 서로 친하게 지내며 이들 나라끼리는 이민도 상대적으로 자유롭다.

　독일인이지만 공부를 잘 해 스위스의 명문 취리히공과대학에 입학한 후 다시 독일의 유명한 연구소에서 일하다가 노벨상을 받는다는 식의 이야기를 자주 듣다보면 남북이 분단되어 전혀 교류하지 않는 우리로서는 신기하고 부럽다.

　독일과 스위스처럼만 서로 교류하고 쉽게 이주만 할 수 있다면 통일에 조급증을 내지 않아도 될 것이다. 통일은 국제정세가 만들어지면 자연스럽게 찾아올 것이다.

　그때까지 우리는 서로 교류하면서 통일이 되어도 서로 큰 충격이 없도록 준비해두는 일에 매진해야 할 것이다. 현재 독일과 스위스가 통일되어도, 통일되지 않아도 양쪽 주민들은 별로 불편할 것이 없다.

　당분간 사이즈가 큰 대한민국은 동북아의 독일이 되고, 산악지대이며 사이즈가 작은 북한은 동북아의 스위스가 되면 좋을 것이다.

　우리의 한반도 정책 방향도 이 목표를 지향해야 할 것이다. 북한의 정치체제가 얼마나 약하든 하나의 국가로서 강력하게 무장해 있다. 무장해있는 국가는 다루는데 매우 조심해야 한다. 총을 들고 있는 20명의 대원들도 조심히 다뤄야 하는데 자동소총과 중화기로 무장되어 있는 100만명 이상 규모의 군대를 가진 국가를 다룰 때는 극도로 조심해야 한다.

과거 미국이 후세인 정권을 붕괴시켰을 때 후세인 군대를 제대로 수습하지 못하는 바람에 이 군인들이 훗날 IS가 되어 중동에 피바람을 가져왔던 사실을 잊어서는 안된다.

1차 세계대전 종전시 승전국인 프랑스는 패전국 독일을 혹독하게 다뤘다. 엄청난 전쟁배상금을 물리고 군대도 제한하면서 독일국민들에게 모멸감을 갖다줬다. 그래서, 독일은 20년간 '복수'의 칼을 갈았고, 2차 세계대전이 발발했다.

반면, 미국은 2차 세계대전 후 패전국 독일과 일본이 군사력은 약해졌지만 경제적으로는 세계에서 가장 부유한 나라들이 될 수 있도록 도와줬다.

그 덕분에 독일과 일본은 지금도 미국의 우방으로 남아 있다. 훌륭한 정치와 외교는 '친구를 돕고 적을 해코지 하는 것'이 아니라 '친구도 돕고 적도 돕는 것'이라는 소크라테스의 지혜를 미국이 실천했던 것이다.

북한 역시 좋은 나라로 거듭날 수 있도록 도와야 한다. 고도의 정치적, 외교적, 경제적, 문화적 노력이 필요할 것이다.

05
외교, 국방을 위한 제언

가. 새로운 외교를 위하여 – '서방 선진국'으로서의 역할 확대

지금까지 우리 외교는 세계에 대한 관심을 버리고 오직 우리의 생존에만 집중해왔다. 물론 식민지 굴욕과 한국전쟁의 고통을 겪었던 우리로서는 본능적 대응이었다. 하지만, 이제 한국은 세계에서 손꼽히는 나라가 되었다.

1인당 GDP는 스페인을 넘어섰고, 이제는 이탈리아, 프랑스와 경쟁하고 있으며, 경제성장이 지속된다면 그 다음엔 영국과 경쟁할 것이다. 대한민국은 경제적으로 이제 유럽의 내로라하는 선진국들과 같은 레벨에 오르고 있는 것이다.

여기에 군사력으로도 대한민국은 비록 핵무기는 없지만 재래식 군비로는 세계 6위 정도로 평가된다. 해공군이 아직 약하지만 육군만을 본다면 한국 육군은 유럽연합 어느 나라와도 싸워 이길 수 있을 수준으로 평가된다. 물론 공격이냐 방어냐에 따라 판도는 달라질 것이지만, 그러한 의견이 나온다는 것이 중요하다. 특히 한국 육군의 포병 전력은 두세 손가락 안에 들 정도로 강하다.

거기에 한국의 방위산업 즉 방산은 세계에서 가장 빠르게 성장하고 있다. 경제력이나 군사력같은 하드파워만이 아니다. 한국의 소프트파워는 현재 영미를 제외하면 가장 강력하다고 해도 과언이 아니다.

동남아시아뿐만 아니라 우리보다 한 수 위라고 생각했던 일본에서도 젊은 사람들 사이에서는 한국은 일본보다 '각코이'(멋지다)하고 '오샤레'(세련되다)한 나라로 인식되고 있고, 몇 년 전엔 일본 온라인에서 '#칸코쿠진니나리타이'(한국인이 되고 싶어)가 유행했었다.

'한류'로 불리는 한국의 소프트파워는 이제 중남미, 북미, 유럽, 러시아, 중동, 아프리카를 가리지 않고 세상을 이끌고 있다.

음악, 영화, 드라마, 화장법, 음식, 한국어, 한글, 패션 모든 것이 세상을 매혹시키고 있다. 한국은 이제 하드파워와 소프트파워 모두를 쥐고 있다. 문제는 그런 힘을 가지고 무엇을 할 것인가이다.

부강한 한국은 절대선 – 한국 방파제론

대한민국은 대륙과 해양의 경계선에 있으며, 역사적으로 대륙으로 진출하려는 나라도 해양으로 진출하려는 나라도 한반도를 우선 침공했다. 도요토미 히데요시는 '정명가도'(征明假道)를 내걸고 중국대륙 진출을 위해 조선을 먼저 침공했다. 몽골제국은 30년간 고려와 싸웠고 고려가 항복하자 곧 일본 정복에 나섰다.

이러한 사실을 봤을 때, 한국이 쉽게 무너지지 않는 단단한 방파제같은 나라가 된다면 더 이상 도요토미 히데요시의 모험도 몽골제국의 확장도 없게 될 것이다.

어느 나라가 부강해지는 것이 주변국가에는 위협이 될 수 있다. 하지만, 대한민국이 부강해지는 것은 그 어떤 나라에도 위협이 되지 않는다. 무엇보다 한국은 인구가 주변국가들보다 적다. 그리고 산악지대이기 때문에 방어에는 유리하지만 밖으로 뻗어나가는데 유리한 지형은 아니다. 중국으로서는 한반도의 인구가 덜 두려울 것이고, 일본으로서는 두 나라를 가르고 있는 해협이 안심을 줄 것이다.

공격이 기본적으로 방어보다 몇 배나 취약한데, 바다를 넘어 공격하는 것은 육상 공격보다도 몇 배 더 취약해지기 때문이다. 한반도라는 방파제는 바다에서 대륙으로 가는 파도도 대륙에서 바다로 가는 파도도 막아낼 것이다.

20세기에 한반도가 방파제 역할을 전혀 못 했던 시절, 동아시아가 계속해서 전란에 휘말리게 되었던 것을 기억해보면 잘 알 수 있다.

만약 구한말의 대한제국이 일본의 메이지유신만큼의 개혁에 성공해 근대적 국민국가로 거듭나고 의미 있는 국방력을 만들어낼 수만 있었다면, 그래서 30만 명의 상비군을 갖추고 방어를 해낼 수만 있었다면 청일전쟁도 없었을 것이고 러일전쟁도 없었을 것이고, 한국전쟁도 없었을 것이다. 일본은 대륙진출을 포기하고 전쟁보다는 상업에 전념하는 해양상업국가가 되었을 것이다. 동아시아의 평화에 부강한 대한민국이 얼마나 중요한지는 20세기를 반추해보면 쉽게 알 수 있다.

중국으로서도 부강한 한국 '방파제' 건설을 방해해선 안 될 것이다. 중국은 국부와 인구 대부분이 한반도에 가까운 중국 동쪽 해안에 집중되어 있다. 게다가 정치권력은 보하이만 안쪽 베이징-천진 지역에 집중되어 있다. 한국이 방파제로서 강해지면 강해질수록 중국도 안전해질 수 있는 것이다. 한국은 부강해질수록 외교적으로도 자신의 목소리를 낼 것이며, 그것은 중국에게 꼭 나쁜 것이 아니다.

다자 네트워크 구축 – 북태평양조약기구 & G9 확대

아무리 부강하더라도 유사시 국가방어를 나홀로 할 수는 없다. 우크라이나를 보더라도 수많은 나라들이 도와 전쟁을 치르고 있다. 국제정치는 늘 그러했다. 혼자 전쟁을 하는 경우는 극히 드물고, 대개는 동맹을 만들어 함께 싸운다. 그런 점에서 우리는 한미동맹을 소중히 관리해야 한다.

하지만, 한미동맹만으로는 부족할 수 있다. 특히 한일간의 군사협력이 앞으로 중요해질 것이다. 한국과 일본은 구원(舊怨)을 넘어 새로운 협력, 우호관계로 나아가야 할 것이다. 국제정치에 영원한 적도 영원한 친구도 없다는 것은 영원한 진리다. 한반도에서 서로 총을 겨눴고, 당시 공산주의 운동의 극좌노선인 문화대혁명을 한창 진행하고 있던 중국과 '자본주의 제국' 미국이 전격적으로 손을 잡고 소련에 맞서기 시작했던 닉슨-키신저의 외교는 외교의 정수를 가장 잘 보여주는 사례였다. 대한민국 외교도 이제 '반일'을 버리고 일본과 새로운 관계를 만들어가는 외교적 역량을 보여줘야 할 때다.

그런 점에서 지금의 한미관계, 미일관계라는 양자관계 틀을 뛰어넘어 유럽의 북대서양조약기구처럼 한미일, 필리핀, 베트남을 포함한 북태평양조약기구 설립을 추진해보는 것도 좋을 것이다.

한일 군사협력이 직접적으로 이뤄지는 것보다 이런 다자 틀을 매개로 이뤄진다면 양국 모두 부담이 줄어들 것이다. 그리고 이러한 다자 틀을 통해 한국, 일본, 필리핀, 베트남 모두 미국에 대한 의존을 낮출 수도 있을 것이다.

북태평양조약기구에 비하면 덜 중요할 수 있지만, G9의 확대개편과 한국의 신규회원 가입도 중요할 수 있다. 중국과 러시아 등은 이른바 '글로벌사우스'(과거 '제3세계'로 불렸던)를 규합

해 서방 선진국을 포위한다는 전략을 갖고 있는데, 그런 점에서 서방 선진국들도 세를 불려야 할 필요를 느끼게 될 것이다. G7에서 G9으로 확대해 한국과 호주를 받아들인다면 좀 더 중러의 외교공세에 대처하기 쉬워질 것이다.

나. 육해공 균형과 스마트 국방을 위하여

"좋은 군대를 가지면 좋은 국가를 가지게 된다." 마키아벨리의 말이다. 국가는 무엇보다 전쟁을 하고 전쟁에 대비하는 조직이다. 외적의 침공을 막아내지 못하면 모두 자유를 잃고 노예상태로 전락한다. 프랑스혁명 이후 나폴레옹이 이끌던 프랑스군대는 유럽 전체와 맞서 싸워 연전연승했다. 좋은 군대였기 때문이다. 나라의 사이즈가 문제가 아니라 좋은 군대를 만들어내면 승리하게 된다. 좋은 군대는 만 명으로 10만 명의 적을 부술 수 있다.

대한민국은 앞으로 인구감소를 대비해야 한다. 또한 나라의 위상에 걸맞는 역할을 해내야 한다. 그런 점에서 이제 육해공 균형과 스마트 국방을 준비해야 할 것이다.

우선 육해공 3군의 균형에 대해 살펴보자. 한국은 미국과의 동맹관계에 따라 한국군과 미군의 역할분담이 이뤄져왔다. 말하자면, 한국군은 육군 병력을 제공하고 미군은 해공군을 제공한다는 식이었다. 무엇보다 한국은 가난한 나라였기 때문에 고가의 해공군 장비를 가지기 어려웠다.

하지만, 이제 한국도 경제력이 향상되었기 때문에 미국에 대한 과도한 의존을 줄이기 위해서라도 지금까지 소홀히 해왔던 해공군 비중을 늘려가야 할 것이다.

특히 해군의 경우, 앞으로 미국, 일본, 호주 등의 태평양 국가들과 말라카해협 등에서 글로벌경제의 동맥을 함께 지키는 연합작전을 더욱 자주 가지게 될텐데, 이러한 원해(遠海) 작전이 가능한 함대를 가져야 할 것이다. 해군 작전과 관련해, 상대국의 교통로를 차단하는 '봉쇄' 작전이 근거리에서 벌어진다고 생각하는 경향이 있는데, 이건 사실이 아니다.

예를 들어 유사시에 한국에 입출항하는 유조선을 부산이나 인천 앞바다에서 막을 수도 있지만, 아예 멀리 떨어진 태평양 항로에서나 말라카해협, 또는 인도양에서 '임검'(臨檢: 배에 올라타 검색하는 행위)을 통해 한국으로 가는 배임을 확인한 후 나포할 수도 있는 것이다. 전자를 근거리 봉쇄라고 한다면 후자는 원거리/장거리 봉쇄라고 할 수 있다. 심지어 대서양에서 한국으로 가는 배를 차단해버릴 수도 있는 것이다.

적들의 이런 원거리 작전을 막으려면 대서양이나 인도양까지도 가서 작전을 펼쳐야 할 것인데, 이런 원거리 작전을 펼칠 함정이 얼마나 있는지, 이런 작전을 펼칠 능력이 어느 정도이지가 문제다.

대한민국 해군은 아직 근해 해군이다. 이것을 원양 해군, 대양 해군으로 바꾸는 작업이 시작되어야 한다. 함대를 건설하는데는 최소한 10년 이상이 걸린다. 공군 및 우주세력과 관련해서는 무엇보다 탐지와 정찰과 관련된 능력을 대폭 확대해야 할 것이다.

현대전은 정보전이다. 누가 미리 보고 정확히 보느냐의 싸움이다. 공군이 우주항공군으로서 거듭 발전해야 하는 것이다. 아직도 우린 미군에 정보를 많이 의존하고 있다.

더욱 스마트하게

이번 우크라이나 전쟁은 스마트한 전쟁이 얼마나 중요한지 여실히 보여줬다. 게다가 한국은 앞으로 지금처럼 많은 병력에 의존해서 전쟁을 치를 수 없게 될 것이다. 인구의 감소가 시작되고 있기 때문이다.

특히 젊은이들은 급격히 그 수가 줄어들고 있다. 앞으로는 더욱 자본집약적인, 스마트한 전투를 해나가야 할 것이다. 다행히도 한국은 IT와 방산이 강하기 때문에 스마트 전투를 치를 수 있을 것이다.

그런 점에서 우리는 IT 중 하드웨어뿐만 아니라 소프트웨어까지 경쟁력을 가져야 한다. 한국 산업이 주변국, 특히 중국에 대해 하드웨어와 소프트웨어에서 어느 정도 경쟁력을 가지고 있는지가 의문인데, 스마트 국방을 위해 미국 등 서방국가들과의 협력을 강화해서라도 이쪽 분야에서 우위를 가져야 할 것이다. 특히 앞으로 중요도를 더 높아질 로봇기술(로보틱스)과 인공지능(AI)에서 미래전쟁의 승패가 나뉠 가능성이 높다.

여성도 함께 하는 국방 – 여성전투병 지원제

한 나라의 공동방어 노력에 얼마나 기여하냐는 그 기여도 따라 국민으로서의 영향력이 달라진다. 고대 아테네에서 중장보병이 전쟁을 주도했을 때에는 중장보병이 될 수 있었던 부유층-중산층이 아테네 정치를 주도했다.

그러다가 훗날 수병 겸 해병이 전쟁을 주도하게 되자 수병 겸 해병이 될 수 있었던 가난한 사람들이 정치를 주도하게 되었다. 중세 유럽의 전투는 값비싼 갑옷을 입고 값비싼 말을 탄 기사가 주도했는데, 당시는 기사들의 시대였다.

훗날 프랑스 혁명 이후 뒤로 총알을 장전하는 후장총이 보급되고 총을 장전해 쏘는 것이 쉬워지자 다수의 평범한 시민들이 전쟁을 주도하게 되었고 이것이 민주정의 등장으로 이어진다.

이런 상황에서는 진정한 민주정 또는 민족주의나 국가주의에 고조된 민중이 주도하는 포퓰리즘의 정치가 주류로 올라오게 되었다. 막스 베버같은 학자는 "민주주의는 보병이다"라고 싹 잘라 말하기도 했다. 전쟁에의 참여는 권력을 가져다 주며, 그런 점에서 집총은 단지 의무만이 아니라 하나의 권력이기도 하다.

이런 사실을 고려할 때, 여성들이 '집총'을 하고 나라의 공동 방어 노력에 참여하는 것은 여성들이 정치체제 내에서 공적 목소리를 내는데에도 도움이 될 수 있다.

사실 1차 세계대전 이후 전쟁이 '총력전'(total war)가 되어 여성들도 후방의 공장 등에서 전쟁노력에 참여하게 되었고, 그것이 여성참정권 확보에 기여하기도 했다. 여성들도 사실 전쟁노력에 참여하게 되어 있는 것이다.

하지만, 참여에도 폭과 깊이가 다를 수 있듯이 여성들의 전쟁노력 참여가 지금보다 강화된다면 여성들의 정치적 영향력 확대에 기여하게 될 것이다.

그런 점에서 여성들이 장교나 부사관이 아닌 전투병으로 군복무를 하는 방안을 검토해볼 필요가 있다. 물론 남성들처럼 의무는 아니고 지원제로 하는 것이 좋다.

여성들까지 징집하는 것은 너무 큰 반발을 불러일으킬 위험성이 있지만, 지원제로 하는 경우 꼭 원하는 사람들만 받아들이면 되기 때문에 반발이 적을 것이다.

여성들의 입장에서도 국방 현장을 1년 내지 1년 반 경험해볼 기회를 가질 수 있고, 군 복무가 사회생활 하는데 있어서 하나의 스펙으로 도움이 될 수도 있을 것이다.

병종은 가급적 전투병이어야 한다. 그래야 전쟁노력에 제대로 참여한 것이 되기 때문이다. 장교나 부사관으로는 여성들이 이미 국방에 참여하고 있지만, 이것은 '직업'이라는 성격이 있기 때문에 직업이 아닌 순전히 '국가에의 봉사'라는 성격이 강한 단기 여성 전투병 제도가 필요한 것이다.

06
지방자치 즉 연방성이 공화주의의 기초

민주공화국은 모두가 자유시민으로서 자율적으로 연대하는 정치체제다. 따라서 민주공화국은 위로부터의 강제를 거부하며 아래로부터 자율적으로 합의에 의해 조직을 운영하기 좋아한다. 그런 점에서 지방자치, 지역자치, 주민자치 등 작은 단위까지도 구성원들끼리 자율적으로 조직을 운영하는 것을 훈련해야 한다. 이런 자치가 이뤄지지 않으면 결국 중앙관료가 위로부터 통치를 하게 되며 이것은 민주공화국을 해친다.

대한민국은 87민주화 이후 민주주의 심화의 길에 올라섰다고 믿어진다. 하지만, 민주주의는 심화되었는지는 몰라도 중앙정부 권력의 분산과 지방자치단체, 지역의 자치와 자율이라는 '공화주의'는 여전히 먼 이야기이다. 87민주화는 대통령의 직선제 외에 권력의 분산은 그다지 가져오지 못해 민선대통령의 권력이 여전히 '제왕적' 수준에 머무르고 있고 이것이 진정한 민주공화국의 등장을 가로막아왔다. 이러한 현상은 프랑스의 사상가 알렉시스 드 토크빌의 〈앙시엥레짐과 혁명〉의 지적과 유사하다.

프랑스는 부르봉 절대군주제 동안 강력한 중앙관료제를 만들었는데, 1789년 프랑스혁명은 왕을 선출직 지도자로 교체하는 민주화는 달성했지만 강력한 중앙관료제를 해체하는데는 실패했다는 것이다.

살아남은 중앙관료제가 정치지도자를 계속해서 '제왕적'으로 만들었고, 이에 대해 민중의 저항이 나타나는 등 프랑스 정치가 끊임없이 강력한 중앙권력을 중심으로 소용돌이를 치게 되었다는 것인데, 이것은 한국 정치도 같다.

그런 점에서 대통령과 중앙행정부 권력을 수평적으로는 입법부, 사법부로 분산하는 것과 함께 수직적으로는 지역들로 분산시키는 작업을 시행해야 한다. 특히 국민들이 이웃들과 함께 자율적으로 정치공동체를 운영하는 훈련을 할 수 있는 것은 지방자치제다.

큰 규모의 국가 단위는 어쩔 수 없이 대의제와 관료제가 중심일 수밖에 없다. 지방자치단체는 가장 작게는 기초단체인 시군에서 행정기관 장과 의회의원들을 직선해 구성하게 되는데, 자치의 강화를 위해 그 아래인 읍면까지에도 직선제를 도입하는 방안을 검토해야 할 것이다.

읍면 아래인 통리에 직선제를 도입하는 방안도 도입할 수 있다. 물론 이런 곳은 정당이 아니라 순전한 지역자치로 유지되어야 할 것이다. 이런 작은 단위는 주민들이 서로 얼굴을 알고 사람의 됨됨이도 잘 알고 있는 진정한 지역 공동체이다.

사실 시군과 같은 기초단체만 해도 주민들의 생활공간과 시군이 서로 일치하지 않아 자치단체 사무에 대한 관심도 적고 지역 일꾼들에 대해 주민들이 잘 모르는 경우가 많아 조직적으로 선거를 치를 수 있는 시민단체 지도자들이나 지역유지들이 공직을 차지하는 경우가 많다.

그래서 더더욱 일반 주민들에게는 먼 조직이 된다. 지역자치를 살려내 주민들이 중앙정부의 권한을 더더욱 넘겨받으려는 의욕을 보여야 대통령과 중앙정부에 권력이 집중되면서 발생하는 민주공화국의 형해화와 포퓰리즘의 유혹을 이겨낼 수 있을 것이다. 그런 점에서 주민들의 일상과 밀접한 단위에서의 주민자치의 강화가 민주공화국의 뿌리인 '연방성'을 강화하게 될 것이다.

그래서 우리는 읍면동장 직선제를 주장한다. 우리나라는 1955년에 읍면동장 직선제를 실시했다가 1958년에 임명제로 바뀌었다가 1960년 4.19혁명으로 직선제가 부활되었다가 5.16으로 다시 임명제로 바뀐 경험이 있다.

우리는 지방자치제도의 부활이후 주민자치위원회가 주민자치회로 바뀌는 등 오랜 기간 주민자치 역량을 키워왔다. 현 제도하에서 질적인 발전을 꾀하기 어렵다. 전면적인 읍면동장 직선제를 실시하고 아래로부터 주민자치 강화에 힘을 쏟을 때이다.

07
매력국가의 길

중국 고전 맹자에 이런 에피소드가 나온다. 맹자는 제(齊)나라 선왕(宣王)을 방문하고 있었는데, 왕이 자신의 군사력이 약해 평천하의 꿈을 이룰 수 없어 낙담하고 있다는 말을 듣자 깜짝 놀라며 "왕께서 군사력으로 그런 소망을 이룩하려고 하신다면, 그것은 마치 '나무에 올라 물고기를 구하는 것'(緣木求魚)과 같은 것입니다"라고 지적하며 다음과 같이 평천하의 방법을 제시한다.

작은 나라는 큰 나라를 당하지 못하고, 적은 무리는 많은 무리를 당하지 못하고, 약한 것은 강한 것을 당하지 못한다는 것은 너무나 뻔한 일이 아닙니까? 지금 천하에는 사방이 천 리나 되는 큰 나라가 아홉이 있습니다. 제나라는 그 중의 하나에 불과합니다. 그 하나로써 여덟을 정복한다는

127

것은 작은 추(鄒)나라가 큰 초(楚)나라를 상대로 싸우는 것과 무엇이 다르겠습니까? 역시 근본 문제부터 바로 잡지 않으면 안 됩니다. 지금 왕께서 어진 정치를 행하신다면 벼슬을 원하는 사람들은 모두 왕의 밑에서 벼슬하기를 원해 몰려들 것이며, 농민들은 모두 왕의 들에서 밭갈이를 하고 싶어 몰려들 것이고, 장사꾼들은 모두 왕의 시장에서 장사를 하기 위해 몰려들 것이며, 나그네들은 모두 왕의 영내로 왕래하게 될 것이며, 자기 나라 임금에게서 불만을 품은 사람들은 모두 왕을 찾아와 호소하게 될 것입니다. 이렇게 되면 누가 감히 왕과 맞설 수 있겠습니까?

좋은 정치, 정의로운 정치를 하면 사람들이 모여든다. 그래서 좋은 나라는 대국이 된다. 반면, 무력으로 팽창해나가려 하면 반드시 위협을 느끼게 된 많은 나라들이 세력균형을 맞추기 서로 동맹을 맺고 이에 맞선다. 즉, 강국을 추구하면 적들을 많이 만들어내게 된다. 맹자가 조언하듯 좋은 나라를 만들어 사람들이 모여들면 대국이 되고 결국엔 제국이 된다.

이에 반해 무력을 사용해 억지로 제국이 되겠다고 했던 것이 19세기 후반부터 유행처럼 번졌던 제국주의인데, 이렇게 국민국가가 힘에 의존해 외부로 팽창해 나갔던 것은 오히려 '제국'의 반대말이라고도 할 '제국주의'다. 서양인들의 '연목구어'였던 것이다.

대한민국은 맹자가 제시한대로 좋은 정치, 공정한 나라가 되어 세상 모든 사람들이 가장 살고싶어 하는 나라가 되어야 한다. 그러면 유능한 기업가들이 기업을 만들어 운영하러 몰려들 것이고 우수한 엔지니어, 기능공들이 일하러 올 것이며, 장사를 하고 농업을 하고 노래를 부르고 춤을 추기 위해 몰려 들 것이다. 매력은 영어로 'charm'이라고 하는데, 사람들이 마치 마법에 홀린 듯 매력을 향해 몰려들게 된다.

한 나라의 매력을 만드는 가장 중요한 것은 맹자가 말했듯 가장 중요한 것은 좋은 정치, 좋은 제도다. 19세기 독일 낭만주의자들은 이러한 합리적 핵심이 있더라도 이것을 미학적으로 포장해내지 못한다면 힘이 될 수 없다고 주장했는데, 맞는 말이긴 하지만 독일 낭만주의자들은 미학적 포장의 힘을 너무 과장했다.

한류의 예를 보자. 일본에서는 여성들이 한류의 주 소비층인데, 나이가 있는 여성들은 과거 '욘사마'로 불리던 배용준 주연의 〈겨울연가〉에서처럼 다정한 남성이 진심으로 사랑해주는 모습에 반하고, 젊은 여성들은 Kpop 걸그룹이 제시하는 당당하고 멋진 여성상에 반한다. 물론 BTS 같은 멋진 보이그룹에도 반하지만 당당한 여성그룹을 좋아하는 팬들도 많다. 이 모든 것이 단지 배용준이라는 명배우, Kpop의 음악과 댄스 때문인 것은 아니다.

　사실 일본의 한류는 일종의 남성우위사회인 일본에 대한 여성들의 저항이라는 성격도 갖는다. 민주화가 일본보다 심화된 한국 사회의 발전된 남녀관계, 발전된 여성상이 일본 여성들에게 어필하는 것이다. 동남아 여성들도 마찬가지다. 드라마에서 스토리같은 형식이 중요한 것은 사실이지만, 우리는 드라마를 통해 다른 나라를 구경하는 재미를 갖기도 한다. 예술을 형식과 내용으로 나눌 때 내용 자체에도 매력을 느낀다는 것이다.

　1950년대 가난했던 시절 일본 사람들은 미국 드라마를 보면서 미국인들이 얼마나 잘 사는지, 예컨대 집에 냉장고가 있고 자동차가 있고 소파가 있는 것을 보면서 대리만족을 했다고 한다. 그건 한국 시청자들도 마찬가지였을 것이다.

　동남아 시청자들이 한국 드라마를 보면서 즐거워하는 요소 중 하나가 '한국에선 젊은 여성이 자동차를 몰더라' 같은 것이다. 이러한 장면엔 한국의 산업화와 민주화가 다 나타난다. 그 비싼 자동차(산업화)를 젊은 여성이 몬다는 것(민주화)이 너무 신기한 것이다.
　한류라는 형식을 통해 동남아 사람들에게 한국의 산업화와 민주화가 매력으로 작용하는 것이다.

산업화와 민주화라는 핵심 매력에 더해 드라마 구성의 힘, 패션과 화장법의 힘, 배우들의 아름다움 등이 합쳐져 많은 사람들을 한국으로 잡아 끄는 것이다. 매력국가 대한민국의 시작이다.

대한민국이 민주공화국으로서 모두가 자유롭고 평등하게 살아갈 수 있고 정치공동체를 개방해둔다면 대한민국은 수많은 사람들에게 어둠 속을 밝히는 등대처럼 '내 마음의 조국'이 될 것이다. 19세기 초 영국 시인 바이런은 그리스의 독립 전쟁에 참전했다가 죽었다.

20세기에도 세상의 수많은 사람들이 마르크스와 레닌의 '아름다운 스토리텔링'에 매혹되어 목숨을 잃었다.

이렇게 실체가 없는 수천년전 고대 그리스라는 매혹과 먼 미래에나 이뤄질 '공산주의 유토피아'라는 매혹에 끌려 많은 사람들이 기꺼이 목숨까지 버리게 되는 것을 보면 인간은 생각보다 쉽게 매력에 이끌리는 본성을 가지고 있는지도 모르겠다.

하지만 실체 없는 매혹은 오래가지 못하며, 고대 로마공화국과 로마제국처럼 1,000년 가는 나라가 되려면 실체적인 매력을 반드시 가져야 할 것이다.

무장한 예언자

세상의 어둠을 비추는 등대, 세상의 어둠 속에서 갈 길을 비추는 예언자 모두 비슷한 존재이며, 매력국가 대한민국은 이러한 등대 및 예언자의 길을 가야 한다. 하지만, 마키아벨리는 "예언자는 무장해야 한다"고 말한다. 어둠을 비추는 등대와 예언자를 어둠의 옹호 세력들이 예컨대 멀리서 사격을 해 파괴한다면 제대로 역할을 마치지도 못한 채 끝나게 되는 것이다.

그래서 등대와 예언자는 최소한의 방어기제를 통해 지켜져야 한다. 즉, 매력국가 대한민국은 반드시 최소한의 무장을 꼭 하고 있어야 한다. 무력으로 세상을 리드할 수는 없지만 최소한의 무장 없이는 매력국가 자체가 버틸 수가 없는 것이다.

좀 더 적극적인 이민정책 – 동심원 원리

매력국가가 되면 세상 사람들을 끌어당긴다. 좋은 공화국은 어쩔 수 없이 대국이 되고 제국이 되는 것이다. 그런 점에서 우리도 이젠 이민에 좀 더 문을 열어야 할 것이다.

우선 쉽게 할 수 있는 것은 영주권의 확대다. 지금은 대한민국 거주자가 국민과 외국인으로 주로 나뉘어 있는데, 이것을 국민-영주권자-외국인의 3개로 나누는 것이다. 많은 사람들이 영주권자로 한국에서 기업을 경영하고 노동을 하고, 대한민국엔 주민으로서 세금을 내는 것이다.

영주권자는 병역의 의무 같은 국민적 의무는 없는 만큼 참정권도 국민만큼 갖지는 못한다. 주민으로서 기초단체 선거에 참여할 권리 정도를 허용하는 것도 하나의 방법이다.

병역을 조건으로 국적(보통 영어식으로 시민권 citizenship이라 부르는)을 부여하는 것도 고려해 볼만 한다. 예컨대 전방에서 2년을 근무하고 나면 국적을 주는 것이다. 한 나라의 전투노력에 참여한다는 것은 유사시에 그 나라를 위해 죽을 각오가 되어 있다는 것이고, 그 정치공동체는 그런 사람을 '전우'로서 포용한다.

하와이 거주 일본인들이 캘리포니아 거주 일본인들과 달리 2차 세계대전과 그 이후에 차별을 받지 않았던 이유가 하와이 거주자들이 상당수 이탈리아 전선 등에 참전했고 거기서 다수가 전사했기 때문이다.

미국을 위해 전사를 했던 사람은 '미국 국민'임에 틀림 없는 것이다. 그래서 하와이에서는 일본계가 주지사를 배출하고 상원의원을 배출하는 등 확고하게 뿌리내리고 있다. 다른 미국인들에게 '전우'이기 때문이다.

과거 당나라에서 시행했던 '빈공과'(賓貢科) 같은 것을 우리도 도입해보면 좋을 것이다. 국가공무원 5급 공채(행정고시) 선발인원 중 몇 명을 해외인재들 중에서 뽑는 것도 좋을 것이다.

한국에서 고위 공무원이 되는 국가고시에 합격해 실제 고위직으로 살아갈 수 있다면 한국 공무원시험 열풍이 아시아에 불 것이며, 이러한 시험을 준비하는 우수 인재들에게 한국은 꿈의 나라가 될 것이다.

빈공과는 통일신라시대 최치원이 합격해서 당나라 관리가 되었던 과거 시험이었다. 해외에 개방하는 자리는 국가안보와 무관한 자리여야 할 것이며, 외국출신이 잘 할 수 있는 자리여야 할 것이다.

정치에서 '누가 우리인가'라는 '시민권정치'(politics of

citizenship)가 나라의 명운을 결정할 수 있다. 그만큼 신중해야 하지만, 인구감소로 국가의 존망이 걱정되는 우리로서는 이민을 어떻게든 적극적으로 추진해야 할 것이다.

사실 외부인들을 내부로 가장 잘 흡수해낸 나라는 중국이다. 중국은 수많은 이민족들을 하나의 '중화민족'으로 합쳐왔는데, 춘추전국시대 당시 산둥지방 사람들은 대부분 동쪽 오랑캐였고, 북쪽 연나라 사람들도 오랑캐였고, 남쪽 초나라 사람들도 완전한 중국인들은 아니었다. 수당(隋唐)을 만들었던 관롱집단(關隴集團)도 선비족과 한족이 혼혈집단이었고 초기에는 문화 풍습도 한족과 많이 달랐는데, 결국 한족화되어버렸다.

중국은 결국 수많은 이질적 종족들을 하나의 중국인, 중화민족으로 묶어냈다. 지금도 광둥어와 북경어는 한국어와 일본어보다 더 언어적 거리가 멀고, 심지어 주민들의 생김새도 많이 차이가 나는데도 자신들은 모두 '중국인'이라고 믿는다. 낯선 사람들이 하나로 잘 합쳐진 결과다.

이와 달리 미국이나 유럽에서는 흑인, 아랍계 등이 아직 주류 백인 사회에 합쳐지지 않고 차별받고 있다. 이것은 중국이 동심원처럼 조금씩 '중국인'의 범위를 넓혀온 것과 달리 유럽과 미국은 제국주의를 통해 배를 타고 아주 먼 곳에 있는 사람들을 노예, 노동자, 또는 이주자로 데려왔기 때문이다. 그러다보니 문화, 종교, 생김새가 급격한 차이를 보이게 되는 것이고, 차이가 크다 보니 하나로 묶는데 어려움이 발생하는 것이다.

그런 점에서 이민확대는 가급적 동심원처럼 우리 문화에서 너무 멀지 않는 지역부터 조금씩 먼저 포용해나가는 방식을 택해야 할 것이다. 물론 특정 국가 사람들의 비율이 너무 높으면 그것도 위협적으로 될 위험성이 있으므로 이민자의 수는 국가별로도 치밀하고 전략적으로 정해야 할 것이다.

예컨대 중국에서 이민자 100만명이 갑자기 들어온다면 대한민국의 정체성은 물론이고 정치나 외교까지도 변해버릴 것이다. 이민자 정책은 그 무엇보다 치밀하고 전략적이어야 외교적이어야 하며 교묘해야 한다. 그런 점에서 이민정책에는 외교부의 참여가 꼭 필요하다.

공화주의 솔루션

1판 1쇄 인쇄 2023년 12월 30일
1판 1쇄 발행 2024년 1월 6일

저 자 함운경 김동규
발 행 홍기표
인 쇄 정우인쇄
편 집 이지선
디자인 이소영
글통 출판사
출판 등록 2011년4월4일(제319-2011-18호)
팩스 0260040276. facebook.com/geultong
geultong@daum.net

ISBN 979-11-85032-91-7

가격 : 20,000원